금강경 한문 사경

우룡 큰스님 현토
불교신행연구원 엮음

한량없는 세월동안 몸이나 물질로 보시한 공덕보다
이 경전을 사경하고 독송한 공덕이 훨씬 더 뛰어나니라

새벽숲

· 금강경 사경과 영험

사경은 기도와 수행의 한 방법이며, 우리의 삶을 밝은 쪽으로 바른 쪽으로 행복한 쪽으로 나아가게 하는 거룩한 불사입니다. 금강경을 써보십시오. 금강경을 눈으로 보고 입으로 외우고 손으로 쓰고 마음에 새기는 사경기도는 크나큰 성취를 안겨줍니다.

더욱이 금강경은 상(相)을 비우고 마음을 비워, 무량한 복덕을 갖춘 원래의 자리로 되돌아가게 만드는 대승불교의 경전이기 때문에, 이 경전을 사경하고 독경하여 그 뜻을 나의 것으로 만들면 한량없는 가피가 저절로 찾아들어, 업장참회는 물론이요 쉽게 소원성취를 할 수 있습니다.

특히 다음과 같은 원의 성취를 바란다면 금강경 사경을 해보십시오.

· 입시 등 각종 시험의 합격을 원할 때
· 개업 및 집 짓고 이사할 때
· 사업의 번창을 바랄 때
· 각종 병환·재앙·시비·구설수 등을 소멸시키고자 할 때
· 가족의 불협화음을 없애고자 할 때
· 평온하고 안정된 삶을 원할 때
· 내생에 좋은 국토에 태어나고자 할 때
· 일가친척의 영가를 잘 천도하고 극락왕생을 바랄 때
· 마음공부를 깊이 있게 하고자 할 때
· 부처님의 대진리를 깨닫고자 할 때

이 밖에도 금강경 사경의 영험은 이루 다 말할 수 없습니다.

• 금강경 사경의 순서

1. 경문을 쓰기 전에

① 먼저 3배를 올리고 삼귀의를 한 다음, 금강경 사경집을 펼치고 기본적인 축원부터 세 번 합니다.

"시방세계의 충만하신 불보살님이시여, 세세생생 지은 죄업 모두 참회합니다.
이제 금강경을 사경하는 공덕을 선망조상과 일체 중생의 행복을 위해 바칩니다.
아울러 저희 가족 모두가 늘 건강하옵고, 하는 일들이 다 순탄하여지이다."(3번)

② 이렇게 기본적인 축원을 한 다음, 꼭 성취되기를 바라는 일상의 소원들을 함께 축원하십시오. 이 경우, 그 소원들을 문장으로 만들어 10페이지의 '금강경 사경 발원문' 난에 써놓고, 사경하기 전과 사경을 마친 다음 세 번씩 축원을 하면 좋습니다.

③ 축원을 한 다음 「개법장진언」 '옴 아라남 아라다'를 세 번 염송하고, 이어 '나무금강반야바라밀경'을 세 번 외웁니다. 경의 제목은 그 경전 내용의 핵심을 함축하고 있고 공덕이 매우 크기 때문에 꼭 세 번씩 독송하기를 당부드리는 것입니다.

2. 경문을 쓸 때

① 금강경 본문을 사경할 때는 원래 부처님께서 설하신 경문만을 쓰고, 진한 글씨로 쓴 부분, 즉 분류의 편의를 위해 표기한 32분(分)의 소제목(예: 法會因由分 第一, 善現起請分 第二 등)과 한자 위에 표기한 한글 음, 그리고 한글 토는 쓰지 않습니다.

② 사경을 할 때 바탕글씨와 똑같이 억지로 베껴 쓸 필요는 없습니다. 바탕글씨를 크게 벗어나지 않는 범위 내에서 자기 필체로 쓰면 됩니다.

③ 금강경을 사경할 때 한문 해독 능력이 뛰어난 이라면 한문본을 쓰는 것이 좋지만, 한문 해독 능력이 충분하지 못한 이는 원문의 뜻을 한글로 풀어놓은 번역본을 쓰는 것이 좋습니다. 그 까닭은 사경하는 내가 내용을 이해하지 못하고 글자만 쓰게 되면, 감동이 없을 뿐 아니라 공덕 또한 크게 떨어지기 때문입니다.

'그냥 한 편을 쓰기만 하면 된다'는 자세로 뜻을 모른 채 사경을 해서는 절대로 안 됩니다. 스스로 뜻을 새기고 이해를 하며 쓰는 것이 무엇보다 중요하다는 것을 꼭 명심하시기 바랍니다. 그러나 금강경을 많이 독송하였거나 20번 이상 사경을 하여 그 뜻을 충분히 이해하고 있다면 한문으로 사경을 하는 것도 바람직합니다. 한문본 사경은 번역본 사경에서 느낄 수 없는 묘(妙)가 있습니다.

④ 사경을 한다고 하여 처음부터 끝까지 좔좔좔 시냇물 흘러가듯 써내려

가야 할 필요는 없습니다. 금강경을 쓰다가 특별히 마음에 와닿는 구절이 있거나 이해가 잘 되지 않는 부분이 있으면, 다시 한 번 쓰거나 읽으면서 사색에 잠기는 것도 좋습니다. 이렇게 사경을 하게 되면 금강경의 내용이 차츰 '나'의 것이 되고, 금강경의 가르침이 '나'의 것이 되면 천도와 업장참회는 물론이요 무량공덕이 저절로 생겨나게 됩니다.

그리고 사경을 하다가 뜻이 분명하지 않은 경우에는 해설서를 읽어 내용을 분명히 이해하는 것이 바람직합니다(효림출판사에서 발간한 우룡큰스님 저서 《생활속의 금강경》을 참조하는 것도 좋습니다).

⑤ 그날 해야 할 사경을 마쳤으면 다시 스스로가 만든 '금강경 사경 발원문'을 세 번 읽고 3배를 드린 다음 사홍서원을 하고, '부처님 감사합니다. 감사합니다. 감사합니다'를 염하며 끝을 맺습니다.

· 사경 기간 및 횟수

① 이 사경집은 금강경을 세 번 쓸 수 있도록 엮었습니다. 만약 아주 간략한 소원이라면 세 번의 사경으로도 족하겠지만, 여러 경전에서는 21일의 사경 또는 21번의 사경을 최소한의 기본 단위로 삼고 있습니다.

또 과거·현재·미래에 쌓는 108번뇌의 업 중에서 현생의 36번뇌를 녹이는 것을 상징화하여 36번을 쓰기도 하며, 지중한 원이 있을 때는 108번을 사경하는 것도 좋습니다.

그리고 감히 권하고 싶은 횟수는 금강경 전체를 21번 사경하는 것입니다.

② 인쇄한 글씨 위에 억지로 덧입히며 쓰지 않고 자기 필체로 쓰게 되면, 한 페이지에 보통 5분~7분 정도 걸립니다. 하루 만에 한 권을 다 쓴다면 4~5시간이 소요됩니다.

만약 기도할 시간이 넉넉하지 않아 한 시간 정도에서 끝마치고자 한다면 5일로 나누어 사경하되,

첫 날은 제1분~제7분, 둘째 날은 제8분~제13분,
셋째 날은 제14분~제16분, 넷째 날은 제17분~제21분,
다섯째 날은 제22분~제32분까지

나누어 쓰는 것도 한 방법입니다(이 경우 사경기도 전체는 1시간이면 충분하며, 이렇게 금강경을 21번 쓰면 총 105일이 걸립니다).

각자의 원력과 형편에 맞추어 적당히 나누어 쓰도록 하십시오. 단 부처님과의 약속이니 지킬 수 있을 만큼 나누되, 너무 쉬운 쪽만은 택하지 않기를 바랍니다.

③ 만약 다른 기도를 하고 있는데 금강경 사경도 하고 싶다면, 지금하고 있는 기도를 중단하지 말고 형편대로 총 32분 중 몇 분씩 사경을 하다가, 다른 기도를 회향한 다음에 본격적으로 금강경을 사경하는 것도 좋은 방법입니다.

④ 매일 쓰다가 부득이한 일이 발생하여 못쓰게 될 경우가 있습니다. 그 때는 꼭 부처님께 못쓰게 된 사정을 고하여 마음속으로 '다음 날 또는 사경 기간을 하루 더 연장하여 반드시 쓰겠다'고 약속하면 됩니다.

여법히 잘 사경하시기를 두 손 모아 축원드립니다.
나무금강반야바라밀

금강경 사경 발원문

개법장진언
開法藏眞言

옴 아라남 아라다(3번)

나무금강반야바라밀경(3번)

金剛般若波羅蜜經
_{금강반야바라밀경}

法會因由分 법회인유분 第一

如是我聞하사오니 一時에 佛이 在舍衛國祇樹給孤獨園하사 與大比丘衆千二百五十人과 俱러시니 爾時에 世尊이 食時에 着衣持鉢하시고 入舍衛大城하사 乞食하시되 於其城中에 次第乞已하시고 還至本處하사 飯食訖하시고 收衣鉢하시며 洗足已하시고 敷座而坐하시다

善現起請分 선현기청분 第二

時에 長老須菩提─在大衆中하시다가 卽從
座起하사 偏袒右肩하시며 右膝着地하시고 合
掌恭敬하사와 而白佛言하사대 希有世尊하
如來─善護念諸菩薩하시며 善付囑諸菩
薩하시나니 世尊하 善男子善女人이 發阿耨
多羅三藐三菩提心하노니 應云何住며 云
何降伏其心하리잇고

佛言하사대 善哉善哉라 須菩提야 如汝所
說하야 如來─善護念諸菩薩하시며 善付囑
諸菩薩하시나니 汝今諦聽하라 當爲汝說하
리라 善男子善女人이 發阿耨多羅三藐
三菩提心한다하여 應如是住하며 如是降伏

其心_{기 심}이니라

唯然世尊_{유연세존}하 願樂欲聞_{원요욕문}하노이다

大乘正宗分 대승정종분 第三

佛告須菩提_{불고수보리}하사대 諸菩薩摩訶薩_{제보살마하살}이 應如是降伏其心_{응여시항복기심}이니 所有一切衆生之類_{소유일체중생지류}- 若卵生若胎生若濕生若化生若有色若無色若有想若無想若非有想非無想_{약란생약태생약습생약화생약유색약무색약유상약무상약비유상비무상}을 我皆令入無餘涅槃_{아개영입무여열반}하야 而滅度之_{이멸도지}하리니 如是滅度無量無數無邊衆生_{여시멸도무량무수무변중생}호대 實無衆生_{실무중생}이 得滅度者_{득멸도자}라 何以故_{하이고}오 須菩提_{수보리}여 若菩薩_{약보살}이 有我相人相衆生相壽者相_{유아상인상중생상수자상}하면 即非菩薩_{즉비보살}이니라

妙行無住分 묘행무주분 第四

復次須菩提여 菩薩이 於法에 應無所住하
야 行於布施니 所謂不住色布施며 不住
聲香味觸法布施니라 須菩提여 菩薩이 應
如是布施하야 不住於相이니 何以故오 若
菩薩이 不住相布施하면 其福德이 不可思
量이니라

須菩提여 於意云何오 東方虛空을 可思
量不아

不也니이다 世尊하

須菩提여 南西北方四維上下虛空을 可
思量不아

不也니이다 世尊하
須菩提여 菩薩의 無住相布施福德도 亦
復如是하야 不可思量이니라 須菩提여 菩薩
이 但應如所敎住니라

如理實見分 여리실견분 第五

須菩提여 於意云何오 可以身相으로 見如
來不아
不也니이다 世尊하 不可以身相으로 得見如
來니 何以故오 如來所說身相은 卽非身
相이니이다
佛告須菩提하사대
凡所有相이

皆是虛妄하나니
<small>개 시 허 망</small>

若見諸相非相이면
<small>약 견 제 상 비 상</small>

卽見如來니라
<small>즉 견 여 래</small>

正信希有分 정신희유분 第六

須菩提-白佛言하사대 世尊하 頗有衆生이 得聞如是言說章句하웁고 生實信不니잇가 佛告須菩提하사대 莫作是說하라 如來滅後-後五百歲에 有持戒修福者-於此 章句에 能生信心하야 以此爲實하리니 當知-是人은 不於一佛二佛三四五佛에 而種善根이라 已於無量千萬佛所에 種諸善根하야 聞是章句하고 乃至一念生淨

신자
信者니라

수보리 여래 실지실견 시제중
須菩提여 如來-悉知悉見하노니 是諸衆

생 득여시무량복덕 하이고 시
生이 得如是無量福德이니라 何以故오 是

제중생 무부아상인상중생상수자
諸衆生이 無復我相人相衆生相壽者

상 무법상 역무비법상 하이
相하며 無法相하며 亦無非法相이니라 何以

고 시제중생 약심취상 즉위착아
故오 是諸衆生이 若心取相하면 卽爲着我

인중생수자 약취법상 즉착아인
人衆生壽者니 若取法相이라도 卽着我人

중생수자 하이고 약취비법상
衆生壽者며 何以故오 若取非法相이라도

즉착아인중생수자
卽着我人衆生壽者니라

시고 불응취법 불응취비법 이
是故로 不應取法이며 不應取非法이니 以

시의고 여래 상설 여등비구 지
是義故로 如來-常說호대 汝等比丘-知

아설법 여벌유자 법상응사
我說法을 如筏喩者라하노니 法尙應捨어던

何況非法이랴

無得無說分 무득무설분 第七

須菩提여 於意云何오 如來得阿耨多羅
三藐三菩提耶아 如來有所說法耶아
須菩提言하사대 如我解佛所說義컨댄 無
有定法名阿耨多羅三藐三菩提며 亦
無有定法如來可說이니 何以故오 如來
所說法은 皆不可取며 不可說이며 非法이며
非非法이니 所以者何오 一切賢聖이 皆以
無爲法으로 而有差別이니이다

依法出生分 의법출생분 第八

須菩提여 於意云何오 若人이 滿三千大

千世界七寶로 以用布施하면 是人의 所得
福德이 寧爲多不아
須菩提言하사대 甚多니이다 世尊하 何以故오
是福德이 卽非福德性일새 是故로 如來說
福德多니이다
若復有人이 於此經中에 受持乃至四句
偈等하야 爲他人說하면 其福이 勝彼하리니
何以故오 須菩提여 一切諸佛과 及諸佛-
阿耨多羅三藐三菩提法이 皆從此經
出이니 須菩提여 所謂佛法者는 卽非佛法
이니라

一相無相分 일상무상분 第九

須_수菩_보提_리여 於_어意_의云_운何_하오 須_수陀_다洹_원이 能_능作_작是_시念_념하대 我_아得_득須_수陀_다洹_원果_과不_부아

須_수菩_보提_리言_언하사대 不_불也_야니이다 世_세尊_존하 何_하以_이故_고오 須_수陀_다洹_원은 名_명爲_위入_입流_류로대 而_이無_무所_소入_입이니 不_불入_입色_색聲_성香_향味_미觸_촉法_법일새 是_시名_명須_수陀_다洹_원이니이다

須_수菩_보提_리여 於_어意_의云_운何_하오 斯_사陀_다含_함이 能_능作_작是_시念_념호대 我_아得_득斯_사陀_다含_함果_과不_부아

須_수菩_보提_리言_언하사대 不_불也_야니이다 世_세尊_존하 何_하以_이故_고오 斯_사陀_다含_함은 名_명一_일往_왕來_래로대 而_이實_실無_무往_왕來_래일새 是_시名_명斯_사陀_다含_함이니이다

須_수菩_보提_리여 於_어意_의云_운何_하오 阿_아那_나含_함이 能_능作_작是_시念_념호대 我_아得_득阿_아那_나含_함果_과不_부아

須菩提言하사대 不也니이다 世尊하 何以故오
阿那含은 名爲不來로대 而實無不來일새
是故로 名阿那含이니이다

須菩提여 於意云何오 阿羅漢이 能作是
念호대 我得阿羅漢道不아

須菩提言하사대 不也니이다 世尊하 何以故오
實無有法-名阿羅漢이니 世尊하 若阿羅
漢이 作是念하대 我得阿羅漢道라하면 即爲
着我人衆生壽者니이다
世尊하 佛說我得無諍三昧人中-最爲
第一이라 是第一離欲阿羅漢이라하시니 世
尊하 我不作是念하대 我是離欲阿羅漢이

라하노이다

世尊하 我若作是念하대 我得阿羅漢道라
하면 世尊이 卽不說須菩提-是樂阿蘭那
行者라하시려니와 以須菩提-實無所行일새
而名須菩提-是樂阿蘭那行이라하시나이다

莊嚴淨土分 장엄정토분 第十

佛告須菩提하사대 於意云何오 如來昔在
燃燈佛所하야 於法에 有所得不아
不也니이다 世尊하 如來 在燃燈佛所하사 於
法에 實無所得이니이다
須菩提여 於意云何오 菩薩이 莊嚴佛土
不아

不也니이다 世尊하 何以故오 莊嚴佛土者는
卽非莊嚴일새 是名莊嚴이니이다
是故로 須菩提여 諸菩薩摩訶薩이 應如
是生淸淨心이니 不應住色生心하며 不應
住聲香味觸法生心이요 應無所住하야 而
生其心이니라
須菩提여 譬如有人이 身如須彌山王하면
於意云何오 是身이 爲大不아
須菩提言하사대 甚大니이다 世尊하 何以故오
佛說非身이 是名大身이니이다

無爲福勝分 무위복승분 第十一

須菩提야 如恒河中所有沙數하야 如是

사등항하 어의운하 시제항하사
沙等恒河-於意云何오是諸恒河沙-
영위다부
寧爲多不아

수보리언 심다 세존 단제항
須菩提言하사대甚多니이다世尊하但諸恒
하 상다무수 하황기사
河도尙多無數온何況其沙리잇가

수보리 아금실언 고여 약유선
須菩提야我今實言으로告汝하노니若有善
남자선여인 이칠보 만이소항하사
男子善女人이以七寶로滿爾所恒河沙
수삼천대천세계 이용보시 득복
數三千大千世界하야以用布施하면得福
다부
이多不아

수보리언 심다 세존
須菩提言하사대甚多니이다世尊하

불고수보리 약선남자선여인 어
佛告須菩提하사대若善男子善女人이於
차경중 내지수지사구게등 위타
此經中에乃至受持四句偈等하야爲他
인설 이차복덕 승전복덕
人說하면而此福德이勝前福德하리라

24

尊重正教分 존중정교분 第十二

復次須菩提여 隨說是經하대 乃至四句
부차수보리   수설시경   내지사구
偈等하면 當知此處는 一切世間天人阿
게등   당지차처   일체세간천인아
修羅─ 皆應供養을 如佛塔廟어든 何況有
수라   개응공양   여불탑묘   하황유
人이 盡能受持讀誦가
인   진능수지독송

須菩提여 當知是人은 成就最上第一希
수보리   당지시인   성취최상제일희
有之法이니 若是經典所在之處는 即爲
유지법   약시경전소재지처   즉위
有佛과 若尊重弟子니라
유불   약존중제자

如法受持分 여법수지분 第十三

爾時에 須菩提─白佛言하사대 世尊하 當何
이시   수보리 백불언   세존   당하
名此經이며 我等이 云何奉持리잇고
명차경   아등   운하봉지
佛告須菩提하사대 是經은 名爲金剛般若
불고수보리   시경   명위금강반야

波羅蜜이니 以是名字로 汝當奉持하라 所
以者何오 須菩提여 佛說般若波羅蜜이
卽非般若波羅蜜일새 是名般若波羅蜜
이니라

須菩提여 於意云何오 如來有所說法
不아

須菩提白佛言하사대 世尊하 如來無所
說이니이다

須菩提여 於意云何오 三千大千世界所
有微塵이 是爲多不아

須菩提言하사대 甚多니이다 世尊하

須菩提여 諸微塵을 如來說非微塵일새 是

名微塵이며 如來說世界-非世界일새 是
名世界니라

須菩提여 於意云何오 可以三十二相으로
見如來不아

不也니이다 世尊하 不可以三十二相으로 得
見如來니 何以故오 如來說-三十二相이
卽是非相일새 是名三十二相이니이다

須菩提여 若有善男子善女人이 以恒河
沙等身命으로 布施어든 若復有人이 於此
經中에 乃至受持四句偈等하야 爲他人
說하면 其福이 甚多니라

離相寂滅分 이상적멸분 第十四

爾時^에 須菩提ㅣ 聞說是經^{하사옵고} 深解義趣^{하사} 涕淚悲泣而白佛言^{하사대} 希有世尊^하 佛說如是甚深經典^은 我從昔來所得慧眼^{으로} 未曾得聞如是之經^{이니이다} 世尊^하 若復有人^이 得聞是經^{하고} 信心淸淨^{하면} 卽生實相^{하리니} 當知是人^은 成就第一希有功德^{이니이다} 世尊^하 是實相者^는 卽是非相^{일새} 是故^로 如來說名實相^{이니이다} 世尊^하 我今得聞如是經典^{하고} 信解受持^는 不足爲難^{이어니와} 若當來世後五百歲^에 其有衆生^이 得聞是經^{하고} 信解受持^{하면} 是人^은 卽爲第一希有^{니이다} 何以故^오

此人은 無我相이며 無人相이며 無衆生相이며 無壽者相이니 所以者何오 我相이 卽是非相이며 人相衆生相壽者相이 卽是非相이라 何以故오 離一切諸相이 卽名諸佛이니이다

佛告須菩提하사대 如是如是하다 若復有人이 得聞是經하고 不驚不怖不畏하면 當知是人은 甚爲希有니 何以故오 須菩提여 如來說 第一波羅蜜이 卽非第一波羅蜜일새 是名第一波羅蜜이니라 須菩提여 忍辱波羅蜜도 如來 說非忍辱波羅蜜일새 是名忍辱波羅蜜이니 何以故오 須菩提여

如我昔爲歌利王에 割截身體하야 我於
爾時에 無我相하며 無人相하며 無衆生相하
며 無壽者相하니라 何以故오 我於往昔-節
節支解時에 若有我相人相衆生相壽
者相이면 應生瞋恨이러니라

須菩提여 又念過去於五百世에 作忍辱
仙人하야 於爾所世에 無我相하며 無人相하
며 無衆生相하며 無壽者相하니라

是故로 須菩提여 菩薩은 應離一切相하고
發阿耨多羅三藐三菩提心이니 不應住
色生心하며 不應住聲香味觸法生心이요
應生無所住心이니라

약 심 유 주　　즉 위 비 주　시 고　　불 설 보
若心有住하면卽爲非住니是故로佛說菩

살　심 불 응 주 색 보 시
薩이心不應住色布施라하느니라

수보리　보살　위이익일체중생　　응
須菩提여菩薩이爲利益一切衆生하야應

여시보시　여래설일체제상　즉시비
如是布施니如來說一切諸相이卽是非

상　　우설일체중생　즉비중생
相이며又說一切衆生이卽非衆生이니라

수보리　여래　시진어자　실어자　여
須菩提여如來는是眞語者며實語者며如

어자　불광어자　불이어자
語者며不誑語者며不異語者니라

수보리　여래소득법　차법　무실무
須菩提여如來所得法인此法은無實無

허　　수보리　약보살　심주어법
虛하니라須菩提여若菩薩이心住於法하야

이행보시　　여인 입암　즉무소견
而行布施하면如人이入暗에卽無所見이요

약보살　심부주법　　이행보시　여
若菩薩이心不住法하야而行布施하면如

인 유목　일광명조　견종종색
人이有目하야日光明照에見種種色이니라

須菩提여 當來之世에 若有善男子善女
人이 能於此經에 受持讀誦하면 卽爲如來
가 以佛智慧로 悉知是人하며 悉見是人하야
皆得成就無量無邊功德하니라

持經功德分 지경공덕분 第十五

須菩提여 若有善男子善女人이 初日分
에 以恒河沙等身으로 布施하며 中日分에 復
以恒河沙等身으로 布施하며 後日分에 亦
以恒河沙等身으로 布施하야 如是無量百
千萬億劫을 以身布施하야도 若復有人이
聞此經典하고 信心不逆하면 其福이 勝彼어
든 何況書寫受持讀誦하야 爲人解說가

須菩提(수보리)여 以要言之(이요언지)컨댄 是經(시경)은 有不可思議不可稱量無邊功德(유불가사의불가칭량무변공덕)하나니 如來(여래)-爲發大乘者說(위발대승자설)이며 爲發最上乘者說(위발최상승자설)이니라 若有人(약유인)이 能受持讀誦(능수지독송)하야 廣爲人說(광위인설)하면 如來(여래)-悉知是人(실지시인)하며 悉見是人(실견시인)하야 皆得成就不可量不可稱無有邊不可思議功德(개득성취불가량불가칭무유변불가사의공덕)하리니 如是人等(여시인등)은 卽爲荷擔如來阿耨多羅三藐三菩提(즉위하담여래아녹다라삼먁삼보리)라 何以故(하이고)오 須菩提(수보리)여 若樂小法者(약요소법자)는 着我見人見衆生見壽者見(착아견인견중생견수자견)일새 卽於此經(즉어차경)에 不能聽受讀誦(불능청수독송)하야 爲人解說(위인해설)이니라 須菩提(수보리)여 在在處處(재재처처)에 若有此經(약유차경)하면 一切(일체)

世間天人阿修羅의 所應供養이니 當知
此處는 卽爲是塔이라 皆應恭敬-作禮圍
繞하야 以諸華香으로 而散其處하리라

能淨業障分 능정업장분 第十六

復次須菩提여 善男子善女人이 受持讀
誦此經하대 若爲人輕賤하면 是人이 先世
罪業으로 應墮惡道로대 以今世人이 輕賤
故로 先世罪業이 卽爲消滅하고 當得阿耨
多羅三藐三菩提하리라
須菩提여 我念過去無量阿僧祇劫하니
於燃燈佛前에 得値八百四千萬億那
由他諸佛하야 悉皆供養承事하대 無空過

者어니와 若復有人이 於後末世에 能受持
讀誦此經하면 所得功德이 於我所供養
諸佛功德으로 百分不及一이며 千萬億分
乃至算數譬喻로 所不能及하리라

須菩提여 若善男子善女人이 於後末世
에 有受持讀誦此經하는 所得功德을 我若
具說者면 或有人이 聞하고 心卽狂亂하야 狐
疑不信하리니 須菩提여 當知是經은 義不
可思議하며 果報亦不可思議니라

究竟無我分 구경무아분 第十七

爾時에 須菩提—白佛言하사대 世尊하 善男
子善女人이 發阿耨多羅三藐三菩提

心인댄 云何應住며 云何降伏其心하리잇고
佛告須菩提하사대 若善男子善女人이 發
阿耨多羅三藐三菩提心者는 當生如
是心이니 我應滅度一切衆生하리라하야 滅
度一切衆生已라도 而無有一衆生도 實
滅度者니라
何以故오 須菩提여 若菩薩이 有我相人
相衆生相壽者相이면 卽非菩薩이니 所以
者何오 須菩提여 實無有法-發阿耨多
羅三藐三菩提心者니라
須菩提여 於意云何오 如來-於燃燈佛
所에 有法得-阿耨多羅三藐三菩提不아

不也니이다 世尊하 如我解-佛所說義컨댄 佛이 於燃燈佛所에 無有法得-阿耨多羅三藐三菩提니이다

佛言하사대 如是如是니라 須菩提여 實無有法如來得-阿耨多羅三藐三菩提니라 須菩提여 若有法如來得-阿耨多羅三藐三菩提者인댄 燃燈佛이 即不與我授記하사대 汝於來世에 當得作佛하대 號를 釋迦牟尼어니와 以實無有法得阿耨多羅三藐三菩提일새 是故로 燃燈佛이 與我授記하사 作是言하사대 汝於來世에 當得作佛하야 號를 釋迦牟尼라하시니 何以故오 如來者

는 卽諸法如義니라
若有人이 言 如來得阿耨多羅三藐三菩提라하면 須菩提여 實無有法佛得阿耨多羅三藐三菩提니 須菩提여 如來所得 阿耨多羅三藐三菩提는 於是中에 無實無虛라 是故로 如來說一切法이 皆是佛法이라하니라
須菩提여 所言一切法者는 卽非一切法일새 是故名一切法이니 須菩提여 譬如人 身長大하니라
須菩提言하사대 世尊하 如來說-人身長大-卽爲非大身일새 是名大身이니이다

須菩提여 菩薩도 亦如是하야 若作是言하대 我當滅度無量衆生하리라하면 卽不名菩薩이니 何以故오 須菩提여 實無有法-名爲菩薩이니 是故로 佛說一切法이 無我無人無衆生無壽者라하노라

須菩提여 若菩薩이 作是言하대 我當莊嚴佛土라하면 是不名菩薩이니 何以故오 如來-說莊嚴佛土者는 卽非莊嚴일새 是名莊嚴이니라

須菩提여 若菩薩이 通達無我法者는 如來-說名眞是菩薩이니라

一體同觀分 일체동관분 第十八

須菩提여 於意云何오 如來有肉眼不아
如是世尊하 如來有肉眼이니이다
須菩提여 於意云何오 如來有天眼不아
如是世尊하 如來有天眼이니이다
須菩提여 於意云何오 如來有慧眼不아
如是世尊하 如來有慧眼이니이다
須菩提여 於意云何오 如來有法眼不아
如是世尊하 如來有法眼이니이다
須菩提여 於意云何오 如來有佛眼不아
如是世尊하 如來有佛眼이니이다
須菩提여 於意云何오 如恒河中所有沙를 佛說是沙不아

如是世尊하 如來說是沙니이다
須菩提여 於意云何오 如一恒河中所有
沙하야 有如是沙等恒河어든 是諸恒河所
有沙數佛世界가 如是寧爲多不아
甚多니이다 世尊하
佛告須菩提하사대 爾所國土中所有衆
生하야 若干種心을 如來悉知하노니 何以故
오 如來說諸心이 皆爲非心일새 是名爲心
이니 所以者何오
須菩提여 過去心不可得이며 現在心不
可得이며 未來心不可得이니라

法界通化分 법계통화분 第十九

須^수菩^보提^리여 於^어意^의云^운何^하오 若^약有^유人^인이 滿^만三^삼千^천大^대千^천世^세界^계七^칠寶^보로 以^이用^용布^보施^시하면 是^시人^인이 以^이是^시因^인緣^연으로 得^득福^복多^다不^부아

如^여是^시世^세尊^존하 此^차人^인이 以^이是^시因^인緣^연으로 得^득福^복甚^심多^다니이다

須^수菩^보提^리여 若^약福^복德^덕이 有^유實^실인댄 如^여來^래不^불說^설得^득福^복德^덕多^다어니와 以^이福^복德^덕이 無^무故^고로 如^여來^래說^설得^득福^복德^덕多^다니라

離色離相分 이색이상분 第二十

須^수菩^보提^리여 於^어意^의云^운何^하오 佛^불을 可^가以^이具^구足^족色^색身^신으로 見^견不^부아

不^불也^야니이다 世^세尊^존하 如^여來^래를 不^불應^응以^이具^구足^족色^색

身으로 見이니 何以故오 如來說具足色身이
卽非具足色身일새 是名具足色身이니이다
須菩提여 於意云何오 如來를 可以具足
諸相으로 見不아
不也니이다 世尊하 如來를 不應以具足諸
相으로 見이니 何以故오 如來說諸相具足이
卽非具足일새 是名諸相具足이니이다

非說所說分 비설소설분 第二十一

須菩提여 汝勿謂如來作是念하대 我當
有所說法이라하라 莫作是念이니 何以故오
若人이 言如來-有所說法이라하면 卽爲謗
佛이라 不能解我所說故니라 須菩提여 說

法者는 無法可說이 是名說法이니라

爾時에 慧命須菩提-白佛言하사대 世尊하
頗有衆生이 於未來世에 聞說是法하고 生
信心不잇가

佛言하사대 須菩提여 彼非衆生이며 非不衆
生이니 何以故오 須菩提여 衆生衆生者는
如來-說非衆生일새 是名衆生이니라

無法可得分 무법가득분 第二十二

須菩提-白佛言하사대 世尊하 佛이 得阿耨
多羅三藐三菩提는 爲無所得耶잇가

佛言하사대 如是如是하다 須菩提여 我於阿
耨多羅三藐三菩提에 乃至無有少法

可得_{일새}是名阿耨多羅三藐三菩提_{니라}

淨心行善分 정심행선분 第二十三

復次須菩提_여是法_이平等_{하야}無有高下_{일새}是名阿耨多羅三藐三菩提_니以無我無人無衆生無壽者_로修一切善法_{하면}即得阿耨多羅三藐三菩提_{하리라}須菩提_여所言善法者_는如來說-即非善法_{일새}是名善法_{이니라}

福智無比分 복지무비분 第二十四

須菩提_여若三千大千世界中_에所有諸須彌山王-如是等七寶聚_를有人_이持用布施_{라도}若人_이以此般若波羅蜜經。

내지 사구게등 수지 독송 위타인
乃至四句偈等을 受持讀誦하며 爲他人
설   어전 복덕   백분 불급일 백
說하면 於前福德으로 百分에 不及一이며 百
천만억분 내지 산수 비유 소불능급
千萬億分과 乃至算數譬喩로 所不能及

이니라

化無所化分 화무소화분 第二十五

수보리 어의운하 여등   물위여래
須菩提여 於意云何오 汝等은 勿謂如來-
작시념   아당도중생   수보리
作是念하대 我當度衆生이라하라 須菩提여
막작시념   하이고   실무유중생   여
莫作是念이니 何以故오 實無有衆生-如
래도자 약유중생   여래도자 여래
來度者니 若有衆生을 如來度者면 如來-
즉유아인중생수자
則有我人衆生壽者니라
수보리   여래설유아자   즉비유아
須菩提여 如來說有我者는 卽非有我어늘
이범부지인   이위유아 수보리 범
而凡夫之人이 以爲有我니 須菩提여 凡

夫者_는 如來-說卽非凡夫_{일새} 是名凡夫

니라

法身非相分 법신비상분 第二十六

須菩提_여 於意云何_오 可以三十二相_{으로} 觀如來不_아

須菩提言_{하사대} 如是如是_{니이다} 以三十二相_{으로} 觀如來_{니이다}

佛言_{하사대} 須菩提_여 若以三十二相_{으로} 觀如來者_{인댄} 轉輪聖王_도 卽是如來_{로다}

須菩提-白佛言_{하사대} 世尊_하 如我解佛所說義_{컨댄} 不應以三十二相_{으로} 觀如來니이다

爾時_에世尊_이而說偈言_{하사대}

若以色見我_{커나}

以音聲求我_{하면}

是人_은行邪道_라

不能見如來_{니라}

無斷無滅分 무단무멸분 第二十七

須菩提_여汝若作是念_{하대}如來-不以具足相故_로得阿耨多羅三藐三菩提_아須菩提_여莫作是念-如來-不以具足相故_로得阿耨多羅三藐三菩提_{라하라}須菩提_여汝若作是念_{하대}發阿耨多羅三藐三菩提心者_는說諸法斷滅_가莫作

시념   하이고   발아뇩다라삼먁삼
是念이니何以故오發阿耨多羅三藐三
보리심자   어법   불설단멸상
菩提心者는於法에不說斷滅相이니라

不受不貪分 불수불탐분 第二十八

수보리   약보살   이만항하사등세계
須菩提여若菩薩이以滿恒河沙等世界
칠보   지용보시   약부유인   지일체
七寶로持用布施라도若復有人이知一切
법무아   득성어인   차보살   승전
法無我하야得成於忍하면此菩薩이勝前
보살   소득공덕   하이고   수보리
菩薩의所得功德이니何以故오須菩提여
이제보살   불수복덕고
以諸菩薩이不受福德故니라

수보리 백불언   세존 운하보살
須菩提-白佛言하사대世尊하云何菩薩이
불수복덕
不受福德이닛고

수보리   보살 소작복덕   불응탐착
須菩提여菩薩의所作福德은不應貪着일
    시고 설 불수복덕
새是故로說-不受福德이니라

威儀寂靜分 위의적정분 第二十九

須_수菩_보提_리여 若_약有_유人_인이 言_언하대 如_여來_래-若_약來_래若_약去_거若_약坐_좌若_약臥_와라하면 是_시人_인은 不_불解_해我_아-所_소說_설義_의니 何_하以_이故_고오 如_여來_래者_자는 無_무所_소從_종來_래며 亦_역無_무所_소去_거일새 故_고名_명如_여來_래니라

一合理相分 일합이상분 第三十

須_수菩_보提_리여 若_약善_선男_남子_자善_선女_여人_인이 以_이三_삼千_천大_대千_천世_세界_계로 碎_쇄爲_위微_미塵_진하면 於_어意_의云_운何_하오 是_시微_미塵_진衆_중이 寧_영爲_위多_다不_부아 須_수菩_보提_리言_언하되 甚_심多_다니이다 世_세尊_존하 何_하以_이故_고오 若_약是_시微_미塵_진衆_중이 實_실有_유者_자인댄 佛_불이 則_즉不_불說_설是_시微_미塵_진衆_중이니 所_소以_이者_자何_하오 佛_불說_설微_미塵_진衆_중이 卽_즉

非微塵衆_{일새}是名微塵衆_{이니이다}世尊_하
如來-所說三千大千世界_가卽非世界
_{일새}是名世界_니何以故_오若世界-實有
者_{인댄}則是一合相_{이어니와}如來說一合相
_은卽非一合相_{일새}是名一合相_{이니이다}
須菩提_여一合相者_는則是不可說_{이어늘}
但凡夫之人_이貪着其事_{니라}

知見不生分 지견불생분 第三十一

須菩提_여若人_이言-佛說我見人見衆
生見壽者見_{이라하면}須菩提_여於意云何_오
是人_이解我所說義不_아
不也_{니이다}世尊_하是人_은不解如來所說

義니 何以故오 世尊이 說我見人見衆生見壽者見은 卽非我見人見衆生見壽者見일새 是名我見人見衆生見壽者見이니이다

須菩提여 發阿耨多羅三藐三菩提心者는 於一切法에 應如是知하며 如是見하며 如是信解하야 不生法相이니 須菩提여 所言法相者는 如來說卽非法相일새 是名法相이니라

應化非眞分 응화비진분 第三十二

須菩提여 若有人이 以滿無量阿僧祇世界 七寶로 持用布施라도 若有善男子善

女人이發菩薩心者ㅣ持於此經하야乃至
四句偈等을受持讀誦하며爲人演說하는
其福이勝彼하리니云何爲人演說고不取
於相하고如如不動하라何以故오
一切有爲法이
如夢幻泡影하며
如露亦如電이라
應作如是觀이니라
佛說是經已하시니長老須菩提와及諸比
丘比丘尼와優婆塞優婆夷와一切世
間ㅣ天人阿修羅가聞佛所說하옵고皆大
歡喜하야信受奉行하니라

金剛般若波羅蜜經
_{금강반야바라밀경}

法會因由分 법회인유분 第一

如是我聞하사오니 一時에 佛이 在舍衛國祇樹給孤獨園하사 與大比丘衆千二百五十人과 俱러시니 爾時에 世尊이 食時에 着衣持鉢하시고 入舍衛大城하사 乞食하시되 於其城中에 次第乞已하시고 還至本處하사 飯食訖하시고 收衣鉢하시며 洗足已하시고 敷座而坐하시다

善現起請分 선현기청분 第二

時에 長老須菩提-在大衆中하시다가 卽從座起하사 偏袒右肩하시며 右膝着地하시고 合掌恭敬하사와 而白佛言하사대 希有世尊하 如來-善護念諸菩薩하시며 善付囑諸菩薩하시나니 世尊하 善男子善女人이 發阿耨多羅三藐三菩提心하노니 應云何住며 云何降伏其心하리닛고

佛言하사대 善哉善哉라 須菩提야 如汝所說하야 如來-善護念諸菩薩하시며 善付囑諸菩薩하시나니 汝今諦聽하라 當爲汝說하리라 善男子善女人이 發阿耨多羅三藐三菩提心한다하야 應如是住하며 如是降伏

其^기心^심이니라

唯^유然^연世^세尊^존하 願^원樂^요欲^욕聞^문하노이다

大乘正宗分 대승정종분 第三

佛^불告^고須^수菩^보提^리하사대 諸^제菩^보薩^살摩^마訶^하薩^살이 應^응如^여是^시降^항伏^복其^기心^심이니 所^소有^유一^일切^체衆^중生^생之^지類^류―若^약卵^란生^생若^약胎^태生^생若^약濕^습生^생若^약化^화生^생若^약有^유色^색若^약無^무色^색若^약有^유想^상若^약無^무想^상若^약非^비有^유想^상非^비無^무想^상을 我^아皆^개令^영入^입無^무餘^여涅^열槃^반하야 而^이滅^멸度^도之^지하리니 如^여是^시滅^멸度^도無^무量^량無^무數^수無^무邊^변衆^중生^생호대 實^실無^무衆^중生^생이 得^득滅^멸度^도者^자라 何^하以^이故^고오 須^수菩^보提^리여 若^약菩^보薩^살이 有^유我^아相^상人^인相^상衆^중生^생相^상壽^수者^자相^상하면 卽^즉非^비菩^보薩^살이니라

妙行無住分 묘행무주분 第四

復^부次^차須^수菩^보提^리여 菩^보薩^살이 於^어法^법에 應^응無^무所^소住^주하야 行^행於^어布^보施^시니 所^소謂^위不^부住^주色^색布^보施^시며 不^부住^주聲^성香^향味^미觸^촉法^법布^보施^시니라 須^수菩^보提^리여 菩^보薩^살이 應^응如^여是^시布^보施^시하야 不^부住^주於^어相^상이니 何^하以^이故^고오 若^약菩^보薩^살이 不^부住^주相^상布^보施^시하면 其^기福^복德^덕이 不^불可^가思^사量^량이니라

須^수菩^보提^리여 於^어意^의云^운何^하오 東^동方^방虛^허空^공을 可^가思^사量^량不^부아

不^불也^야니이다 世^세尊^존하

須^수菩^보提^리여 南^남西^서北^북方^방四^사維^유上^상下^하虛^허空^공을 可^가思^사量^량不^부아

不^불也니이다 世^세尊^존하

須^수菩^보提^리여 菩^보薩^살의 無^무住^주相^상布^보施^시福^복德^덕도 亦^역復^부如^여是^시하야 不^불可^가思^사量^량이니라 須^수菩^보提^리여 菩^보薩^살이 但^단應^응如^여所^소敎^교住^주니라

如理實見分 여리실견분 第五

須^수菩^보提^리여 於^어意^의云^운何^하오 可^가以^이身^신相^상으로 見^견如^여來^래不^부아

不^불也니이다 世^세尊^존하 不^불可^가以^이身^신相^상으로 得^득見^견如^여來^래니 何^하以^이故^고오 如^여來^래所^소說^설身^신相^상은 卽^즉非^비身^신相^상이니이다

佛^불告^고須^수菩^보提^리하사대

凡^범所^소有^유相^상이

개 시 허 망
皆是虛妄하나니
약 견 제 상 비 상
若見諸相非相이면
즉 견 여 래
卽見如來니라

正信希有分 정신희유분 第六

수보리 백불언 세존 파유중생
須菩提-白佛言하사대 世尊하 頗有衆生이
득문여시언설장구 생실신부
得聞如是言說章句하옵고 生實信不니잇가
불고수보리 막작시설 여래멸
佛告須菩提하사대 莫作是說하라 如來滅
후 후오백세 유지계수복자 어차
後-後五百歲에 有持戒修福者-於此
장구 능생신심 이차위실 당
章句에 能生信心하야 以此爲實하리니 當
지 시인 불어일불이불삼사오불
知-是人은 不於一佛二佛三四五佛에
이종선근 이어무량천만불소 종
而種善根이라 已於無量千萬佛所에 種
제선근 문시장구 내지일념생정
諸善根하야 聞是章句하고 乃至一念生淨

信^신者^자니라

須^수菩^보提^리여 如^여來^래- 悉^실知^지悉^실見^견하노니 是^시諸^제衆^중生^생이 得^득如^여是^시無^무量^량福^복德^덕이니라 何^하以^이故^고오 是^시諸^제衆^중生^생이 無^무復^부我^아相^상人^인相^상衆^중生^생相^상壽^수者^자相^상하며 無^무法^법相^상하며 亦^역無^무非^비法^법相^상이니라 何^하以^이故^고오 是^시諸^제衆^중生^생이 若^약心^심取^취相^상하면 卽^즉爲^위着^착我^아人^인衆^중生^생壽^수者^자니 若^약取^취法^법相^상이라도 卽^즉着^착我^아人^인衆^중生^생壽^수者^자며 何^하以^이故^고오 若^약取^취非^비法^법相^상이라도 卽^즉着^착我^아人^인衆^중生^생壽^수者^자니라

是^시故^고로 不^불應^응取^취法^법이며 不^불應^응取^취非^비法^법이니 以^이是^시義^의故^고로 如^여來^래- 常^상說^설호대 汝^여等^등比^비丘^구- 知^지我^아說^설法^법을 如^여筏^벌喩^유者^자라하노니 法^법尚^상應^응捨^사어던

何況非法이랴

無得無說分 무득무설분 第七

須菩提여 於意云何오 如來得阿耨多羅三藐三菩提耶아 如來有所說法耶아 須菩提言하사대 如我解佛所說義컨댄 無有定法名阿耨多羅三藐三菩提며 亦無有定法如來可說이니 何以故오 如來所說法은 皆不可取며 不可說이며 非法이며 非非法이니 所以者何오 一切賢聖이 皆以無爲法으로 而有差別이니이다

依法出生分 의법출생분 第八

須菩提여 於意云何오 若人이 滿三千大

千世界七寶로 以用布施하면 是人의 所得
福德이 寧爲多不아
須菩提言하사대 甚多니이다 世尊하 何以故오
是福德이 卽非福德性일새 是故로 如來說
福德多니이다
若復有人이 於此經中에 受持乃至四句
偈等하야 爲他人說하면 其福이 勝彼하리니
何以故오 須菩提여 一切諸佛과 及諸佛-
阿耨多羅三藐三菩提法이 皆從此經
出이니 須菩提여 所謂佛法者는 卽非佛法
이니라

一相無相分 일상무상분 第九

須_수菩_보提_리여 於_어意_의云_운何_하오 須_수陀_다洹_원이 能_능作_작是_시念_념하대 我_아得_득須_수陀_다洹_원果_과不_부아

須_수菩_보提_리言_언하사대 不_불也_야니이다 世_세尊_존하 何_하以_이故_고오 須_수陀_다洹_원은 名_명爲_위入_입流_류로대 而_이無_무所_소入_입이니 不_불入_입色_색聲_성香_향味_미觸_촉法_법일새 是_시名_명須_수陀_다洹_원이니이다

須_수菩_보提_리여 於_어意_의云_운何_하오 斯_사陀_다含_함이 能_능作_작是_시念_념호대 我_아得_득斯_사陀_다含_함果_과不_부아

須_수菩_보提_리言_언하사대 不_불也_야니이다 世_세尊_존하 何_하以_이故_고오 斯_사陀_다含_함은 名_명一_일往_왕來_래로대 而_이實_실無_무往_왕來_래일새 是_시名_명斯_사陀_다含_함이니이다

須_수菩_보提_리여 於_어意_의云_운何_하오 阿_아那_나含_함이 能_능作_작是_시念_념호대 我_아得_득阿_아那_나含_함果_과不_부아

須菩提言하사대 不也니이다 世尊하 何以故오
阿那含은 名爲不來로대 而實無不來일새
是故로 名阿那含이니이다
須菩提여 於意云何오 阿羅漢이 能作是
念호대 我得阿羅漢道不아
須菩提言하사대 不也니이다 世尊하 何以故오
實無有法-名阿羅漢이니 世尊하 若阿羅
漢이 作是念하대 我得阿羅漢道라하면 即爲
着我人衆生壽者니이다
世尊하 佛說我得無諍三昧人中-最爲
第一이라 是第一離欲阿羅漢이라하시나 世
尊하 我不作是念하대 我是離欲阿羅漢이

라하노이다

世尊하 我若作是念하대 我得阿羅漢道라
하면 世尊이 卽不說須菩提-是樂阿蘭那
行者라하시려니와 以須菩提-實無所行일새
而名須菩提-是樂阿蘭那行이라하시나이다

莊嚴淨土分 장엄정토분 第十

佛告須菩提하사대 於意云何오 如來昔在
燃燈佛所하야 於法에 有所得不아
不也니이다 世尊하 如來 在燃燈佛所하사 於
法에 實無所得이니이다
須菩提여 於意云何오 菩薩이 莊嚴佛土
不아

不也니이다 世尊하 何以故오 莊嚴佛土者는
卽非莊嚴일새 是名莊嚴이니이다
是故로 須菩提여 諸菩薩摩訶薩이 應如
是生淸淨心이니 不應住色生心하며 不應
住聲香味觸法生心이요 應無所住하야 而
生其心이니라
須菩提여 譬如有人이 身如須彌山王하면
於意云何오 是身이 爲大不아
須菩提言하사대 甚大니이다 世尊하 何以故오
佛說非身이 是名大身이니이다

無爲福勝分 무위복승분 第十一

須菩提야 如恒河中所有沙數하야 如是

沙等恒河ㅣ於意云何오是諸恒河沙ㅣ
寧爲多不아

須菩提言하사대甚多니이다世尊하但諸恒
河도尚多無數온何況其沙리잇가

須菩提야我今實言으로告汝하노니若有善
男子善女人이以七寶로滿爾所恒河沙
數三千大千世界하야以用布施하면得福
이多不아

須菩提言하사대甚多니이다世尊하

佛告須菩提하사대若善男子善女人이於
此經中에乃至受持四句偈等하야爲他
人說하면而此福德이勝前福德하리라

尊重正教分 존중정교분 第十二

復次須菩提여 隨說是經하대 乃至四句偈等하면 當知此處는 一切世間天人阿修羅-皆應供養을 如佛塔廟어든 何況有人이 盡能受持讀誦가

須菩提여 當知是人은 成就最上第一希有之法이니 若是經典所在之處는 卽爲有佛과 若尊重弟子니라

如法受持分 여법수지분 第十三

爾時에 須菩提-白佛言하사대 世尊하 當何名此經이며 我等이 云何奉持리잇고

佛告須菩提하사대 是經은 名爲金剛般若

　　　　　바　라　밀　　　　　이　시　명　자　　　　여　당　봉　지　　　소
波羅蜜이니以是名字로汝當奉持하라所
이　자　하　　수　보　리　　불　설　반　야　바　라　밀
以者何오須菩提여佛說般若波羅蜜이
즉　비　반　야　바　라　밀　　　시　명　반　야　바　라　밀
卽非般若波羅蜜일새是名般若波羅蜜

이니라
　　수　보　리　　어　의　운　하　　여　래　유　소　설　법
須菩提여於意云何오如來-有所說法
부
不아
　　수　보　리　백　불　언　　　　세　존　　여　래　무　소
須菩提-白佛言하사대世尊하如來-無所
설
說이니이다
　　수　보　리　　어　의　운　하　　삼　천　대　천　세　계　소
須菩提여於意云何오三千大千世界所
유　미　진　　시　위　다　부
有微塵이是爲多不아
　　수　보　리　언　　　　심　다　　　　세　존
須菩提言하사대甚多니이다世尊하
　　수　보　리　　제　미　진　　여　래　설　비　미　진　　시
須菩提여諸微塵을如來說非微塵일새是

名^명微^미塵^진이며 如^여來^래說^설世^세界^계-非^비世^세界^계일새 是^시
名^명世^세界^계니라

須^수菩^보提^리여 於^어意^의云^운何^하오 可^가以^이三^삼十^십二^이相^상으로
見^견如^여來^래不^부아

不^불也^야니이다 世^세尊^존하 不^불可^가以^이三^삼十^십二^이相^상으로 得^득
見^견如^여來^래니 何^하以^이故^고오 如^여來^래說^설-三^삼十^십二^이相^상이
卽^즉是^시非^비相^상일새 是^시名^명三^삼十^십二^이相^상이니이다

須^수菩^보提^리여 若^약有^유善^선男^남子^자善^선女^여人^인이 以^이恒^항河^하
沙^사等^등身^신命^명으로 布^보施^시어든 若^약復^부有^유人^인이 於^어此^차
經^경中^중에 乃^내至^지受^수持^지四^사句^구偈^게等^등하야 爲^위他^타人^인
說^설하면 其^기福^복이 甚^심多^다니라

離相寂滅分 이상적멸분 **第十四**

爾時에 須菩提-聞說是經하사옵고 深解義趣하사 涕淚悲泣而白佛言하사대 希有世尊하 佛說如是甚深經典은 我從昔來所得慧眼으로 未曾得聞如是之經이니이다
世尊하 若復有人이 得聞是經하고 信心淸淨하면 卽生實相하리니 當知是人은 成就第一希有功德이니이다 世尊하 是實相者는 卽是非相일새 是故로 如來說名實相이니이다
世尊하 我今得聞如是經典하고 信解受持는 不足爲難이어니와 若當來世後五百歲에 其有衆生이 得聞是經하고 信解受持하면 是人은 卽爲第一希有니이다 何以故오

차인 무아상 무인상 무중생상
此人은 無我相이며 無人相이며 無衆生相이
    무수자상   소이자하   아상 즉시
며 無壽者相이니 所以者何오 我相이 卽是
   비상   인상중생상수자상   즉시비
非相이며 人相衆生相壽者相이 卽是非
상   하이고   이일체제상   즉명제불
相이라 何以故오 離一切諸相이 卽名諸佛

이니이다

    불고수보리   여시여시   약부유
佛告須菩提하사대 如是如是하다 若復有
인 득문시경   불경불포불외   당
人이 得聞是經하고 不驚不怖不畏하면 當
   지시인 심위희유 하이고   수보리
知是人은 甚爲希有니 何以故오 須菩提여
   여래설 제일바라밀 즉비제일바라
如來說 第一波羅蜜이 卽非第一波羅
밀   시명제일바라밀   수보리인
蜜일새 是名第一波羅蜜이니라 須菩提여 忍
   욕바라밀   여래설비인욕바라밀
辱波羅蜜도 如來 說非忍辱波羅蜜일새
   시명인욕바라밀   하이고   수보리
是名忍辱波羅蜜이니 何以故오 須菩提여

如我昔爲歌利王에 割截身體하야 我於爾時에 無我相하며 無人相하며 無衆生相하며 無壽者相하니라 何以故오 我於往昔-節節支解時에 若有我相人相衆生相壽者相이면 應生瞋恨일러니라

須菩提여 又念過去於五百世에 作忍辱仙人하야 於爾所世에 無我相하며 無人相하며 無衆生相하며 無壽者相하니라

是故로 須菩提여 菩薩은 應離一切相하고 發阿耨多羅三藐三菩提心이니 不應住色生心하며 不應住聲香味觸法生心이요 應生無所住心이니라

약심유주 즉위비주 시고 불설보
若心有住하면 卽爲非住니 是故로 佛說菩
살 심불응주색보시
薩이 心不應住色布施라하느니라

수보리 보살 위이익일체중생 응
須菩提여 菩薩이 爲利益一切衆生하야 應
여시보시 여래설일체제상 즉시비
如是布施니 如來說一切諸相이 卽是非
상 우설일체중생 즉비중생
相이며 又說一切衆生이 卽非衆生이니라

수보리 여래 시진어자 실어자 여
須菩提여 如來는 是眞語者며 實語者며 如
어자 불광어자 불이어자
語者며 不誑語者며 不異語者니라

수보리 여래소득법 차법 무실무
須菩提여 如來所得法인 此法은 無實無
허   수보리 약보살 심주어법
虛하니라 須菩提여 若菩薩이 心住於法하야
이행보시 여인 입암 즉무소견
而行布施하면 如人이 入暗에 卽無所見이요
약보살 심부주법 이행보시 여
若菩薩이 心不住法하야 而行布施하면 如
인 유목 일광명조 견종종색
人이 有目하야 日光明照에 見種種色이니라

^{수보리}須菩提^여 ^{당래지세}當來之世^에 ^{약유선남자선여}若有善男子善女
^인人^이 ^{능어차경}能於此經^에 ^{수지독송}受持讀誦^{하면} ^{즉위여래}卽爲如來
^가^{이불지혜}以佛智慧^로 ^{실지시인}悉知是人^{하며} ^{실견시인}悉見是人^{하야}
^{개득성취무량무변공덕}皆得成就無量無邊功德^{하니라}

持經功德分 지경공덕분 第十五

^{수보리}須菩提^여 ^{약유선남자선여인}若有善男子善女人^이 ^{초일분}初日分
^에^{이항하사등신}以恒河沙等身^{으로} ^{보시}布施^{하며} ^{중일분}中日分^에 ^부復
^{이항하사등신}以恒河沙等身^{으로} ^{보시}布施^{하며} ^{후일분}後日分^에 ^역亦
^{이항하사등신}以恒河沙等身^{으로} ^{보시}布施^{하야} ^{여시무량백}如是無量百
^{천만억겁}千萬億劫^을 ^{이신보시}以身布施^{하야도} ^{약부유인}若復有人^이
^{문차경전}聞此經典^{하고} ^{신심불역}信心不逆^{하면} ^{기복}其福^이 ^{승피}勝彼^어
^든^{하황서사수지독송}何況書寫受持讀誦^{하야} ^{위인해설}爲人解說^가

須^수菩^보提^리여 以^이要^요言^언之^지컨댄 是^시經^경은 有^유不^불可^가思^사議^의不^불可^가稱^칭量^량無^무邊^변功^공德^덕하나니 如^여來^래ㅣ 爲^위發^발大^대乘^승者^자說^설이며 爲^위發^발最^최上^상乘^승者^자說^설이니라 若^약有^유人^인이 能^능受^수持^지讀^독誦^송하야 廣^광爲^위人^인說^설하면 如^여來^래ㅣ 悉^실知^지是^시人^인하며 悉^실見^견是^시人^인하야 皆^개得^득成^성就^취不^불可^가量^량不^불可^가稱^칭無^무有^유邊^변不^불可^가思^사議^의功^공德^덕하리니 如^여是^시人^인等^등은 即^즉爲^위荷^하擔^담如^여來^래阿^아耨^녹多^다羅^라三^삼藐^먁三^삼菩^보提^리라

何^하以^이故^고오 須^수菩^보提^리여 若^약樂^요小^소法^법者^자는 着^착我^아見^견人^인見^견衆^중生^생見^견壽^수者^자見^견일새 即^즉於^어此^차經^경에 不^불能^능聽^청受^수讀^독誦^송하야 爲^위人^인解^해說^설이니라

須^수菩^보提^리여 在^재在^재處^처處^처에 若^약有^유此^차經^경하면 一^일切^체

世間天人阿修羅의 所應供養이니 當知
此處는 卽爲是塔이라 皆應恭敬作禮圍
繞하야 以諸華香으로 而散其處하리라

能淨業障分 능정업장분 第十六

復次須菩提여 善男子善女人이 受持讀
誦此經하대 若爲人輕賤하면 是人이 先世
罪業으로 應墮惡道로대 以今世人이 輕賤
故로 先世罪業이 卽爲消滅하고 當得阿耨
多羅三藐三菩提하리라
須菩提여 我念過去無量阿僧祇劫하니
於燃燈佛前에 得値八百四千萬億那
由他諸佛하야 悉皆供養承事하대 無空過

者어니와 若復有人이 於後末世에 能受持
讀誦此經하면 所得功德이 於我所供養
諸佛功德으로 百分不及一이며 千萬億分
乃至算數譬喩로 所不能及하리라
須菩提여 若善男子善女人이 於後末世
에 有受持讀誦此經하는 所得功德을 我若
具說者면 或有人이 聞하고 心卽狂亂하야 狐
疑不信하리니 須菩提여 當知是經은 義不
可思議하며 果報亦不可思議니라

究竟無我分 구경무아분 第十七

爾時에 須菩提-白佛言하사대 世尊하 善男
子善女人이 發阿耨多羅三藐三菩提

心인댄 云何應住며 云何降伏其心하리잇고
佛告須菩提하사대 若善男子善女人이 發
阿耨多羅三藐三菩提心者는 當生如
是心이니 我應滅度一切衆生하리라하야 滅
度一切衆生已라도 而無有一衆生도 實
滅度者니라
何以故오 須菩提여 若菩薩이 有我相人
相衆生相壽者相이면 卽非菩薩이니 所以
者何오 須菩提여 實無有法-發阿耨多
羅三藐三菩提心者니라
須菩提여 於意云何오 如來-於燃燈佛
所에 有法得-阿耨多羅三藐三菩提不아

不也니이다 世尊하 如我解-佛所說義컨댄 佛이 於燃燈佛所에 無有法得-阿耨多羅三藐三菩提니이다

佛言하사대 如是如是니라 須菩提여 實無有法如來得-阿耨多羅三藐三菩提니라 須菩提여 若有法如來得-阿耨多羅三藐三菩提者인댄 燃燈佛이 卽不與我授記하사대 汝於來世에 當得作佛하대 號를 釋迦牟尼어니와 以實無有法得阿耨多羅三藐三菩提일새 是故로 燃燈佛이 與我授記하사 作是言하사대 汝於來世에 當得作佛하야 號를 釋迦牟尼라하시니 何以故오 如來者

는卽諸法如義니라
若有人이言如來得阿耨多羅三藐三菩提라하면須菩提여實無有法佛得阿耨多羅三藐三菩提니須菩提여如來所得阿耨多羅三藐三菩提는於是中에無實無虛라是故로如來說一切法이皆是佛法이라하니라
須菩提여所言一切法者는卽非一切法일새是故名一切法이니須菩提여譬如人身長大하니라
須菩提言하사대世尊하如來說人身長大-卽爲非大身일새是名大身이니이다

須_수菩_보提_리여 菩_보薩_살도 亦_역如_여是_시하야 若_약作_작是_시言_언하대 我_아當_당滅_멸度_도無_무量_량衆_중生_생하리라하면 卽_즉不_불名_명菩_보薩_살이니 何_하以_이故_고오 須_수菩_보提_리여 實_실無_무有_유法_법ㅣ 名_명爲_위菩_보薩_살이니 是_시故_고로 佛_불說_설一_일切_체法_법이 無_무我_아無_무人_인無_무衆_중生_생無_무壽_수者_자라하노라

須_수菩_보提_리여 若_약菩_보薩_살이 作_작是_시言_언하대 我_아當_당莊_장嚴_엄佛_불土_토라하면 是_시不_불名_명菩_보薩_살이니 何_하以_이故_고오 如_여來_래ㅣ說_설莊_장嚴_엄佛_불土_토者_자는 卽_즉非_비莊_장嚴_엄일새 是_시名_명莊_장嚴_엄이니라

須_수菩_보提_리여 若_약菩_보薩_살이 通_통達_달無_무我_아法_법者_자는 如_여來_래ㅣ說_설名_명眞_진是_시菩_보薩_살이니라

一體同觀分 일체동관분 第十八

^{수 보 리} ^{어 의 운 하} ^{여 래 유 육 안 부}
須菩提여 於意云何오 如來有肉眼不아

^{여 시 세 존} ^{여 래 유 육 안}
如是世尊하 如來有肉眼이니이다

^{수 보 리} ^{어 의 운 하} ^{여 래 유 천 안 부}
須菩提여 於意云何오 如來有天眼不아

^{여 시 세 존} ^{여 래 유 천 안}
如是世尊하 如來有天眼이니이다

^{수 보 리} ^{어 의 운 하} ^{여 래 유 혜 안 부}
須菩提여 於意云何오 如來有慧眼不아

^{여 시 세 존} ^{여 래 유 혜 안}
如是世尊하 如來有慧眼이니이다

^{수 보 리} ^{어 의 운 하} ^{여 래 유 법 안 부}
須菩提여 於意云何오 如來有法眼不아

^{여 시 세 존} ^{여 래 유 법 안}
如是世尊하 如來有法眼이니이다

^{수 보 리} ^{어 의 운 하} ^{여 래 유 불 안 부}
須菩提여 於意云何오 如來有佛眼不아

^{여 시 세 존} ^{여 래 유 불 안}
如是世尊하 如來有佛眼이니이다

^{수 보 리} ^{어 의 운 하} ^{여 항 하 중 소 유 사}
須菩提여 於意云何오 如恒河中所有沙

^{불 설 시 사 부}
를佛說是沙不아

여시세존 여래설시사
如是世尊하如來說是沙니이다
수보리 어의운하 여일항하중소유
須菩提여於意云何오如一恒河中所有
사 유여시사등항하 시제항하소
沙하야有如是沙等恒河어든是諸恒河所
유사수불세계 여시영위다부
有沙數佛世界가如是寧爲多不아
심다 세존
甚多니이다世尊하
불고수보리 이소국토중소유중
佛告須菩提하사대爾所國土中所有衆
생 약간종심 여래실지 하이고
生하야若干種心을如來悉知하노니何以故
여래설제심 개위비심 시명위심
오如來說諸心이皆爲非心일새是名爲心
소이자하
이니所以者何오
수보리 과거심불가득 현재심불
須菩提여過去心不可得이며現在心不
가득 미래심불가득
可得이며未來心不可得이니라

法界通化分 법계통화분 **第十九**

須_수菩_보提_리여 於_어意_의云_운何_하오 若_약有_유人_인이 滿_만三_삼千_천 大_대千_천世_세界_계七_칠寶_보로 以_이用_용布_보施_시하면 是_시人_인이 以_이 是_시因_인緣_연으로 得_득福_복多_다不_부아

如_여是_시世_세尊_존하 此_차人_인이 以_이是_시因_인緣_연으로 得_득福_복甚_심多_다니이다

須_수菩_보提_리여 若_약福_복德_덕이 有_유實_실인댄 如_여來_래不_불說_설得_득福_복德_덕多_다어니와 以_이福_복德_덕이 無_무故_고로 如_여來_래說_설得_득福_복德_덕多_다니라

離色離相分 이색이상분 第二十

須_수菩_보提_리여 於_어意_의云_운何_하오 佛_불을 可_가以_이具_구足_족色_색身_신으로 見_견不_부아

不_불也_야니이다 世_세尊_존하 如_여來_래를 不_불應_응以_이具_구足_족色_색

　　　　　　신　　　　　견　　하이고　　　여래설　　구족색신
身으로 見이니 何以故오 如來說具足色身이

　　즉비구족색신　　　　시명구족색신
卽非具足色身일새 是名具足色身이니이다

　수보리　여　어의운하　　여래 가이구족
須菩提여 於意云何오 如來를 可以具足

　제상　　　견부
諸相으로 見不아

　불야　　　세존　하　여래　　불응이구족제
不也니이다 世尊하 如來를 不應以具足諸

　상　　견　하이고　여래설제상구족
相으로 見이니 何以故오 如來說諸相具足이

　즉비구족　　　시명제상구족
卽非具足일새 是名諸相具足이니이다

非說所說分 비설소설분 第二十一

　수보리　여물위여래작시념　　아당
須菩提여 汝勿謂如來作是念하대 我當

　유소설법　　　　막작시념　하이고
有所說法이라하라 莫作是念이니 何以故오

　약인　언여래　유소설법　　　즉위방
若人이 言如來-有所說法이라하면 卽爲謗

　불　　불능해아소설고　　　수보리　설
佛이라 不能解我所說故니라 須菩提여 說

法者는 無法可說이 是名說法이니라
爾時에 慧命須菩提-白佛言하사대 世尊하
頗有衆生이 於未來世에 聞說是法하고 生
信心不잇가
佛言하사대 須菩提여 彼非衆生이며 非不衆
生이니 何以故오 須菩提여 衆生衆生者는
如來-說非衆生일새 是名衆生이니라

無法可得分 무법가득분 第二十二

須菩提-白佛言하사대 世尊하 佛이 得阿耨
多羅三藐三菩提는 爲無所得耶잇가
佛言하사대 如是如是하다 須菩提여 我於阿
耨多羅三藐三菩提에 乃至無有少法

可得_{일새}是名阿耨多羅三藐三菩提_{니라}

淨心行善分 정심행선분 第二十三

復次須菩提_여是法_이平等_{하야}無有高下_{일새}是名阿耨多羅三藐三菩提_니以無我無人無衆生無壽者_로修一切善法_{하면}卽得阿耨多羅三藐三菩提_{하리라}須菩提_여所言善法者_는如來說-卽非善法_{일새}是名善法_{이니라}

福智無比分 복지무비분 第二十四

須菩提_여若三千大千世界中_에所有諸須彌山王-如是等七寶聚_를有人_이持用布施_{라도}若人_이以此般若波羅蜜經_으

로乃至四句偈等을受持讀誦하며爲他人
說하면於前福德으로百分에不及一이며百
千萬億分과乃至算數譬喩로所不能及
이니라

化無所化分 화무소화분 第二十五

須菩提여於意云何오汝等은勿謂如來ㅣ
作是念하대我當度衆生이라하라須菩提여
莫作是念이니何以故오實無有衆生ㅣ如
來度者니若有衆生을如來度者면如來ㅣ
則有我人衆生壽者니라
須菩提여如來說有我者는卽非有我어늘
而凡夫之人이以爲有我니須菩提여凡

夫者는 如來-說卽非凡夫일새 是名凡夫니라

法身非相分 법신비상분 第二十六

須菩提여 於意云何오 可以三十二相으로 觀如來不아

須菩提言하사대 如是如是니이다 以三十二相으로 觀如來니이다

佛言하사대 須菩提여 若以三十二相으로 觀如來者인댄 轉輪聖王도 卽是如來로다

須菩提-白佛言하사대 世尊하 如我解佛所說義컨댄 不應以三十二相으로 觀如來니이다

爾時에世尊이而說偈言하사대

若以色見我커나

以音聲求我하면

是人은行邪道라

不能見如來니라

無斷無滅分 무단무멸분 第二十七

須菩提여汝若作是念하대如來-不以具足相故로得阿耨多羅三藐三菩提아須菩提여莫作是念-如來-不以具足相故로得阿耨多羅三藐三菩提라하라須菩提여汝若作是念하대發阿耨多羅三藐三菩提心者는說諸法斷滅가莫作

是念이니 何以故오 發阿耨多羅三藐三
菩提心者는 於法에 不說斷滅相이니라

不受不貪分 불수불탐분 第二十八

須菩提여 若菩薩이 以滿恒河沙等世界
七寶로 持用布施라도 若復有人이 知一切
法無我하야 得成於忍하면 此菩薩이 勝前
菩薩의 所得功德이니 何以故오 須菩提여
以諸菩薩이 不受福德故니라

須菩提-白佛言하사대 世尊하 云何菩薩이
不受福德이닛고

須菩提여 菩薩의 所作福德은 不應貪着일
새 是故로 說-不受福德이니라

威儀寂靜分 위의적정분 第二十九

須_수菩_보提_리여 若_약有_유人_인이言_언하대 如_여來_래-若_약來_래若_약去_거若_약坐_좌若_약臥_와라하면 是_시人_인은 不_불解_해我_아-所_소說_설義_의니 何_하以_이故_고오 如_여來_래者_자는 無_무所_소從_종來_래며 亦_역無_무所_소去_거일새 故_고名_명如_여來_래니라

一合理相分 일합이상분 第三十

須_수菩_보提_리여 若_약善_선男_남子_자善_선女_여人_인이 以_이三_삼千_천大_대千_천世_세界_계로 碎_쇄爲_위微_미塵_진하면 於_어意_의云_운何_하오 是_시微_미塵_진衆_중이 寧_영爲_위多_다不_부아

須_수菩_보提_리言_언하되 甚_심多_다니이다 世_세尊_존하 何_하以_이故_고오 若_약是_시微_미塵_진衆_중이 實_실有_유者_자인댄 佛_불이 則_즉不_불說_설是_시微_미塵_진衆_중이니 所_소以_이者_자何_하오 佛_불說_설微_미塵_진衆_중이 卽_즉

非微塵衆일새是名微塵衆이니이다世尊하
如來-所說三千大千世界가卽非世界
일새是名世界니何以故오若世界-實有
者인댄則是一合相이어니와如來說一合相
은卽非一合相일새是名一合相이니이다
須菩提여一合相者는則是不可說이어늘
但凡夫之人이貪着其事니라

知見不生分 지견불생분 第三十一

須菩提여若人이言-佛說我見人見衆
生見壽者見이라하면須菩提여於意云何오
是人이解我所說義不아
不也니이다世尊하是人은不解如來所說

義니 何以故오 世尊이 說我見人見衆生見壽者見은 卽非我見人見衆生見壽者見일새 是名我見人見衆生見壽者見

이니이다

須菩提여 發阿耨多羅三藐三菩提心者는 於一切法에 應如是知하며 如是見하며 如是信解하야 不生法相이니 須菩提여 所言法相者는 如來說卽非法相일새 是名法相이니라

應化非眞分 응화비진분 第三十二

須菩提여 若有人이 以滿無量阿僧祇世界一七寶로 持用布施라도 若有善男子善

女人이發菩薩心者-持於此經하야乃至
四句偈等을受持讀誦하며爲人演説하는
其福이勝彼하리니云何爲人演説고不取
於相하고如如不動하라何以故오
　一切有爲法이
　如夢幻泡影하며
　如露亦如電이라
　應作如是觀이니라
佛説是經已하시니長老須菩提와及諸比
丘比丘尼와優婆塞優婆夷와一切世
間-天人阿修羅가聞佛所説하옵고皆大
歡喜하야信受奉行하니라

_{금 강 반 야 바 라 밀 경}
金剛般若波羅蜜經

法會因由分 법회인유분 第一

如是我聞_{여시아문}하사오니 一時_{일시}에 佛_불이 在舍衛國祇樹給孤獨園_{재사위국기수급고독원}하사 與大比丘衆千二百五十人_{여대비구중천이백오십인}과 俱_구러시니 爾時_{이시}에 世尊_{세존}이 食時_{식시}에 着衣持鉢_{착의지발}하시고 入舍衛大城_{입사위대성}하사 乞食_{걸사}하시되 於其城中_{어기성중}에 次第乞已_{차제걸이}하시고 還至本處_{환지본처}하사 飯食訖_{반사흘}하시고 收衣鉢_{수의발}하시며 洗足已_{세족이}하시고 敷座而坐_{부좌이좌}하시다

善現起請分 선현기청분 第二

時_에長老須菩提-在大衆中_{하시다가}卽從座起_{하사}偏袒右肩_{하시며}右膝着地_{하시고}合掌恭敬_{하사와}而白佛言_{하사대}希有世尊_하如來-善護念諸菩薩_{하시며}善付囑諸菩薩_{하시나니}世尊_하善男子善女人_이發阿耨多羅三藐三菩提心_{하노니}應云何住_며云何降伏其心_{하리잇고}

佛言_{하사대}善哉善哉_라須菩提_야如汝所說_{하야}如來-善護念諸菩薩_{하시며}善付囑諸菩薩_{하시나니}汝今諦聽_{하라}當爲汝說_하리라. 善男子善女人_이發阿耨多羅三藐三菩提心_{한다하여}應如是住_{하며}如是降伏

기 심
其心이니라

유연세존 원요욕문
唯然世尊하願樂欲聞하노이다

大乘正宗分 대승정종분 第三

불고수보리   제보살마하살   응여
佛告須菩提하사대諸菩薩摩訶薩이應如
시항복기심   소유일체중생지류
是降伏其心이니所有一切衆生之類-
약란생약태생약습생약화생약유
若卵生若胎生若濕生若化生若有
색약무색약유상약무상약비유상
色若無色若有想若無想若非有想
비무상   아개영입무여열반   이멸
非無想을我皆令入無餘涅槃하야而滅
도지   여시멸도무량무수무변중
度之하리니如是滅度無量無數無邊衆
생   실무중생 득멸도자 하이고
生호대實無衆生이得滅度者라何以故오
수보리 약보살 유아상인상중생상
須菩提여若菩薩이有我相人相衆生相
수자상   즉비보살
壽者相하면卽非菩薩이니라

妙行無住分 묘행무주분 第四

復次須菩提여 菩薩이 於法에 應無所住하야 行於布施니 所謂不住色布施며 不住聲香味觸法布施니라 須菩提여 菩薩이 應如是布施하야 不住於相이니 何以故오 若菩薩이 不住相布施하면 其福德이 不可思量이니라

須菩提여 於意云何오 東方虛空을 可思量不아

不也니이다 世尊하

須菩提여 南西北方四維上下虛空을 可思量不아

不也_{니이다}世尊_하

須菩提_여菩薩_의無住相布施福德_도亦復如是_{하야}不可思量_{이니라}須菩提_여菩薩_이但應如所敎住_{니라}

如理實見分 여리실견분 第五

須菩提_여於意云何_오可以身相_{으로}見如來不_아

不也_{니이다}世尊_하不可以身相_{으로}得見如來_니何以故_오如來所說身相_은卽非身相_{이니이다}

佛告須菩提_{하사대}

凡所有相_이

개 시 허 망
皆是虛妄하나니
약 견 제 상 비 상
若見諸相非相이면
즉 견 여 래
卽見如來니라

正信希有分 정신희유분 第六

수보리 백불언 세존 파유중생
須菩提-白佛言하사대 世尊하 頗有衆生이
득문여시언설장구 생실신부
得聞如是言說章句하옵고 生實信不니잇가
불고수보리 막작시설 여래멸
佛告須菩提하사대 莫作是說하라 如來滅
후 후오백세 유지계수복자 어차
後-後五百歲에 有持戒修福者-於此
장구 능생신심 이차위실 당
章句에 能生信心하야 以此爲實하리니 當
지 시인 불어일불이불삼사오불
知-是人은 不於一佛二佛三四五佛에
이종선근 이어무량천만불소 종
而種善根이라 已於無量千萬佛所에 種
제선근 문시장구 내지일념생정
諸善根하야 聞是章句하고 乃至一念生淨

신 자
信者니라

수보리 여래 실지실견 시제중
須菩提여如來-悉知悉見하노니是諸衆
생 득여시무량복덕 하이고 시
生이得如是無量福德이니라何以故오是
제중생 무부아상인상중생상수자
諸衆生이無復我相人相衆生相壽者
상 무법상 역무비법상 하이
相하며無法相하며亦無非法相이니라何以
고 시제중생 약심취상 즉위착아
故오是諸衆生이若心取相하면卽爲着我
인중생수자 약취법상 즉착아인
人衆生壽者니若取法相이라도卽着我人
중생수자 하이고 약취비법상
衆生壽者며何以故오若取非法相이라도
즉착아인중생수자
卽着我人衆生壽者니라

시고 불응취법 불응취비법 이
是故로不應取法이며不應取非法이니以
시의고 여래 상설 여등비구 지
是義故로如來-常說호대汝等比丘-知
아설법 여벌유자 법상응사
我說法을如筏喩者라하노니法尚應捨어던

105

何況非法이라

無得無說分 무득무설분 第七

須菩提여 於意云何오 如來得阿耨多羅三藐三菩提耶아 如來有所說法耶아

須菩提言하사대 如我解佛所說義컨댄 無有定法名阿耨多羅三藐三菩提며 亦無有定法如來可說이니 何以故오 如來所說法은 皆不可取며 不可說이며 非法이며 非非法이니 所以者何오 一切賢聖이 皆以無爲法으로 而有差別이니이다

依法出生分 의법출생분 第八

須菩提여 於意云何오 若人이 滿三千大

千世界七寶로 以用布施하면 是人의 所得
福德이 寧爲多不아

須菩提言하사대 甚多니이다 世尊하 何以故오
是福德이 卽非福德性일새 是故로 如來說
福德多니이다

若復有人이 於此經中에 受持乃至四句
偈等하야 爲他人說하면 其福이 勝彼하리니
何以故오 須菩提여 一切諸佛과 及諸佛
阿耨多羅三藐三菩提法이 皆從此經
出이니 須菩提여 所謂佛法者는 卽非佛法

이니라

一相無相分 일상무상분 第九

須菩提여 於意云何오 須陀洹이 能作是
念하대 我得須陀洹果不아

須菩提言하사대 不也니이다 世尊하 何以故오
須陀洹은 名爲入流로대 而無所入이니 不
入色聲香味觸法일새 是名須陀洹이니이다

須菩提여 於意云何오 斯陀含이 能作是
念호대 我得斯陀含果不아

須菩提言하사대 不也니이다 世尊하 何以故오
斯陀含은 名一往來로대 而實無往來일새
是名斯陀含이니이다

須菩提여 於意云何오 阿那含이 能作是
念호대 我得阿那含果不아

須菩提言하사대 不也니이다 世尊하 何以故오
阿那含은 名爲不來로대 而實無不來일새
是故로 名阿那含이니이다
須菩提여 於意云何오 阿羅漢이 能作是
念호대 我得阿羅漢道不아
須菩提言하사대 不也니이다 世尊하 何以故오
實無有法-名阿羅漢이니 世尊하 若阿羅
漢이 作是念하대 我得阿羅漢道라하면 卽爲
着我人衆生壽者니이다
世尊하 佛說我得無諍三昧人中-最爲
第一이라 是第一離欲阿羅漢이라하시니 世
尊하 我不作是念하대 我是離欲阿羅漢이

라하노이다

世尊하我若作是念하대我得阿羅漢道라
하면世尊이卽不說須菩提是樂阿蘭那
行者라하시려니와以須菩提實無所行일새
而名須菩提是樂阿蘭那行이라하시나이다

莊嚴淨土分 장엄정토분 第十

佛告須菩提하사대於意云何오如來昔在
燃燈佛所하야於法에有所得不아
不也니이다世尊하如來在燃燈佛所하사於
法에實無所得이니이다
須菩提여於意云何오菩薩이莊嚴佛土
不아

不也니이다 世尊하 何以故오 莊嚴佛土者는
卽非莊嚴일새 是名莊嚴이니이다
是故로 須菩提여 諸菩薩摩訶薩이 應如
是生淸淨心이니 不應住色生心하며 不應
住聲香味觸法生心이요 應無所住하야 而
生其心이니라
須菩提여 譬如有人이 身如須彌山王하면
於意云何오 是身이 爲大不아
須菩提言하사대 甚大니이다 世尊하 何以故오
佛說非身이 是名大身이니이다

無爲福勝分 무위복승분 第十一

須菩提야 如恒河中所有沙數하야 如是

沙_사等_등恒_항河_하-_어於意_의云_운何_하오 是_시諸_제恒_항河_하沙_사-
寧_영爲_위多_다不_부아
須_수菩_보提_리言_언하사대 甚_심多_다니이다 世_세尊_존하 但_단諸_제恒_항
河_하도 尚_상多_다無_무數_수온 何_하況_황其_기沙_사리잇가
須_수菩_보提_리야 我_아今_금實_실言_언으로 告_고汝_여하노니 若_약有_유善_선
男_남子_자善_선女_여人_인이 以_이七_칠寶_보로 滿_만爾_이所_소恒_항河_하沙_사
數_수三_삼千_천大_대千_천世_세界_계하야 以_이用_용布_보施_시하면 得_득福_복
이 多_다不_부아
須_수菩_보提_리言_언하사대 甚_심多_다니이다 世_세尊_존하
佛_불告_고須_수菩_보提_리하사대 若_약善_선男_남子_자善_선女_여人_인이 於_어
此_차經_경中_중에 乃_내至_지受_수持_지四_사句_구偈_게等_등하야 爲_위他_타
人_인説_설하면 而_이此_차福_복德_덕이 勝_승前_전福_복德_덕하리라

尊重正敎分 존중정교분 第十二

復次須菩提여 隨說是經하대 乃至四句
偈等하면 當知此處는 一切世間天人阿
修羅ㅣ皆應供養을 如佛塔廟어든 何況有
人이 盡能受持讀誦가
須菩提여 當知是人은 成就最上第一希
有之法이니 若是經典所在之處는 即爲
有佛과 若尊重弟子니라

如法受持分 여법수지분 第十三

爾時에 須菩提ㅣ白佛言하사대 世尊하 當何
名此經이며 我等이 云何奉持리잇고
佛告須菩提하사대 是經은 名爲金剛般若

波羅蜜이니 以是名字로 汝當奉持하라 所
以者何오 須菩提여 佛說般若波羅蜜이
卽非般若波羅蜜일새 是名般若波羅蜜
이니라
須菩提여 於意云何오 如來-有所說法
不아
須菩提-白佛言하사대 世尊하 如來-無所
說이니이다
須菩提여 於意云何오 三千大千世界所
有微塵이 是爲多不아
須菩提言하사대 甚多니이다 世尊하
須菩提여 諸微塵을 如來說非微塵일새 是

명미진 여래설세계 비세계 시
名微塵이며 如來說世界-非世界일새 是
명세계
名世界니라
수보리 어의운하 가이삼십이상
須菩提여 於意云何오 可以三十二相으로
견여래부
見如來不아
불야 세존 불가이삼십이상 득
不也니이다 世尊하 不可以三十二相으로 得
견여래 하이고 여래설 삼십이상
見如來니 何以故오 如來說-三十二相이
즉시비상 시명삼십이상
卽是非相일새 是名三十二相이니이다
수보리 약유선남자선여인 이항하
須菩提여 若有善男子善女人이 以恒河
사등신명 보시 약부유인 어차
沙等身命으로 布施어든 若復有人이 於此
경중 내지수지사구게등 위타인
經中에 乃至受持四句偈等하야 爲他人
설 기복 심다
說하면 其福이 甚多니라

離相寂滅分 이상적멸분 第十四

爾時^에須菩提-聞說是經^{하사옵고}深解義趣^{하사}涕淚悲泣而白佛言^{하사대}希有世尊^하佛說如是甚深經典^은我從昔來所得慧眼^{으로}未曾得聞如是之經^{이니이다}
世尊^하若復有人^이得聞是經^{하고}信心淸淨^{하면}即生實相^{하리니}當知是人^은成就第一希有功德^{이니이다}世尊^하是實相者^는卽是非相^{일새}是故^로如來說名實相^{이니이다}
世尊^하我今得聞如是經典^{하고}信解受持^는不足爲難^{이어니와}若當來世後五百歲^에其有眾生^이得聞是經^{하고}信解受持^{하면}是人^은即爲第一希有^{니이다}何以故^오

차인 무아상 무인상 무중생상
此人은 無我相이며 無人相이며 無衆生相이
무수자상 소이자하 아상즉시
며 無壽者相이니 所以者何오 我相이 卽是
비상 인상중생상수자상 즉시비
非相이며 人相衆生相壽者相이 卽是非
상 하이고 이일체제상 즉명제불
相이라 何以故오 離一切諸相이 卽名諸佛

이니이다

불고수보리 여시여시 약부유
佛告須菩提하사대 如是如是하다 若復有
인 득문시경 불경불포불외 당
人이 得聞是經하고 不驚不怖不畏하면 當
지시인 심위희유 하이고 수보리
知是人은 甚爲希有니 何以故오 須菩提여
여래설 제일바라밀 즉비제일바라
如來說─第一波羅蜜이 卽非第一波羅
밀 시명제일바라밀 수보리 인
蜜일새 是名第一波羅蜜이니라 須菩提여 忍
욕바라밀 여래설비인욕바라밀
辱波羅蜜도 如來─說非忍辱波羅蜜일새
시명인욕바라밀 하이고 수보리
是名忍辱波羅蜜이니 何以故오 須菩提여

如我昔爲歌利王에 割截身體하야 我於爾時에 無我相하며 無人相하며 無衆生相하며 無壽者相하니라 何以故오 我於往昔一節節支解時에 若有我相人相衆生相壽者相이면 應生瞋恨일러니라

須菩提여 又念過去於五百世에 作忍辱仙人하야 於爾所世에 無我相하며 無人相하며 無衆生相하며 無壽者相하니라

是故로 須菩提여 菩薩은 應離一切相하고 發阿耨多羅三藐三菩提心이니 不應住色生心하며 不應住聲香味觸法生心이요 應生無所住心이니라

약심유주 즉위비주 시고 불설보
若心有住하면 卽爲非住니 是故로 佛說菩
살 심불응주색보시
薩이 心不應住色布施라하느니라
수보리 보살 위이익일체중생 응
須菩提여 菩薩이 爲利益一切衆生하야 應
여시보시 여래설일체제상 즉시비
如是布施니 如來說一切諸相이 卽是非
상 우설일체중생 즉비중생
相이며 又說一切衆生이 卽非衆生이니라
수보리 여래 시진어자 실어자 여
須菩提여 如來는 是眞語者며 實語者며 如
어자 불광어자 불이어자
語者며 不誑語者며 不異語者니라
수보리 여래소득법 차법 무실무
須菩提여 如來所得法인 此法은 無實無
허 수보리 약보살 심주어법
虛하니라 須菩提여 若菩薩이 心住於法하야
이행보시 여인 입암 즉무소견
而行布施하면 如人이 入暗에 卽無所見이요
약보살 심부주법 이행보시 여
若菩薩이 心不住法하야 而行布施하면 如
인 유목 일광명조 견종종색
人이 有目하야 日光明照에 見種種色이니라

須_수菩_보提_리여 當_당來_래之_지世_세에 若_약有_유善_선男_남子_자善_선女_여人_인이 能_능於_어此_차經_경에 受_수持_지讀_독誦_송하면 卽_즉爲_위如_여來_래가 以_이佛_불智_지慧_혜로 悉_실知_지是_시人_인하며 悉_실見_견是_시人_인하야 皆_개得_득成_성就_취無_무量_량無_무邊_변功_공德_덕하니라

持經功德分 지경공덕분 第十五

須_수菩_보提_리여 若_약有_유善_선男_남子_자善_선女_여人_인이 初_초日_일分_분에 以_이恒_항河_하沙_사等_등身_신으로 布_보施_시하며 中_중日_일分_분에 復_부以_이恒_항河_하沙_사等_등身_신으로 布_보施_시하며 後_후日_일分_분에 亦_역以_이恒_항河_하沙_사等_등身_신으로 布_보施_시하야 如_여是_시無_무量_량百_백千_천萬_만億_억劫_겁을 以_이身_신布_보施_시하야도 若_약復_부有_유人_인이 聞_문此_차經_경典_전하고 信_신心_심不_불逆_역하면 其_기福_복이 勝_승彼_피어든 何_하況_황書_서寫_사受_수持_지讀_독誦_송하야 爲_위人_인解_해說_설가

須菩提여 以要言之컨댄 是經은 有不可思議不可稱量無邊功德하나니 如來―爲發大乘者說이며 爲發最上乘者說이니라 若有人이 能受持讀誦하야 廣爲人說하면 如來―悉知是人하며 悉見是人하야 皆得成就不可量不可稱無有邊不可思議功德하리니 如是人等은 即爲荷擔如來阿耨多羅三藐三菩提라 何以故오 須菩提여 若樂小法者는 着我見人見衆生見壽者見일새 即於此經에 不能聽受讀誦하야 爲人解說이니라 須菩提여 在在處處에 若有此經하면 一切

世間^{세간}天人阿修羅^{천인아수라}의 所應供養^{소응공양}이니 當知^{당지}
此處^{차처}는 卽爲是塔^{즉위시탑}이라 皆應恭敬^{개응공경}-作禮圍^{작례위}
繞^요하야 以諸華香^{이제화향}으로 而散其處^{이산기처}하리라

能淨業障分 능정업장분 第十六

復次須菩提^{부차수보리}여 善男子善女人^{선남자선여인}이 受持讀^{수지독}
誦此經^{송차경}하대 若爲人輕賤^{약위인경천}하면 是人^{시인}이 先世^{선세}
罪業^{죄업}으로 應墮惡道^{응타악도}로대 以今世人^{이금세인}이 輕賤^{경천}
故^고로 先世罪業^{선세죄업}이 卽爲消滅^{즉위소멸}하고 當得阿耨^{당득아뇩}
多羅三藐三菩提^{다라삼먁삼보리}하리라
須菩提^{수보리}여 我念過去無量阿僧祇劫^{아념과거무량아승지겁}하니
於燃燈佛前^{어연등불전}에 得値八百四千萬億那^{득치팔백사천만억나}
由他諸佛^{유타제불}하야 悉皆供養承事^{실개공양승사}하대 無空過^{무공과}

者어니와 若復有人이 於後末世에 能受持
讀誦此經하면 所得功德이 於我所供養
諸佛功德으로 百分不及一이며 千萬億分
乃至算數譬喩로 所不能及하리라
須菩提여 若善男子善女人이 於後末世
에 有受持讀誦此經하는 所得功德을 我若
具說者면 或有人이 聞하고 心卽狂亂하야 狐
疑不信하리니 須菩提여 當知是經은 義不
可思議하며 果報亦不可思議니라

究竟無我分 구경무아분 第十七

爾時에 須菩提-白佛言하사대 世尊하 善男
子善女人이 發阿耨多羅三藐三菩提

心인댄 云何應住며 云何降伏其心하리잇고
佛告須菩提하사대 若善男子善女人이 發
阿耨多羅三藐三菩提心者는 當生如
是心이니 我應滅度一切衆生하리라하야 滅
度一切衆生已라도 而無有一衆生도 實
滅度者니라
何以故오 須菩提여 若菩薩이 有我相人
相衆生相壽者相이면 卽非菩薩이니 所以
者何오 須菩提여 實無有法-發阿耨多
羅三藐三菩提心者니라
須菩提여 於意云何오 如來-於燃燈佛
所에 有法得-阿耨多羅三藐三菩提不아

不也니이다 世尊하 如我解-佛所說義컨댄 佛이 於燃燈佛所에 無有法得-阿耨多羅三藐三菩提니이다

佛言하사대 如是如是니라 須菩提여 實無有法如來得-阿耨多羅三藐三菩提니라 須菩提여 若有法如來得-阿耨多羅三藐三菩提者인댄 燃燈佛이 卽不與我授記하사대 汝於來世에 當得作佛하대 號를 釋迦牟尼어니와 以實無有法得阿耨多羅三藐三菩提일새 是故로 燃燈佛이 與我授記하사 作是言하사대 汝於來世에 當得作佛하야 號를 釋迦牟尼라하시니 何以故오 如來者

는 即^즉諸^제法^법如^여義^의니라
若^약有^유人^인이 言^언如^여來^래得^득阿^아耨^녹多^다羅^라三^삼藐^먁三^삼菩^보提^리라하면 須^수菩^보提^리여 實^실無^무有^유法^법佛^불得^득阿^아耨^녹多^다羅^라三^삼藐^먁三^삼菩^보提^리니 須^수菩^보提^리여 如^여來^래所^소得^득 阿^아耨^녹多^다羅^라三^삼藐^먁三^삼菩^보提^리는 於^어是^시中^중에 無^무實^실無^무虛^허라 是^시故^고로 如^여來^래說^설一^일切^체法^법이 皆^개是^시佛^불法^법이라하니라

須^수菩^보提^리여 所^소言^언一^일切^체法^법者^자는 即^즉非^비一^일切^체法^법일새 是^시故^고名^명一^일切^체法^법이니 須^수菩^보提^리여 譬^비如^여人^인身^신長^장大^대하니라

須^수菩^보提^리言^언하사대 世^세尊^존하 如^여來^래說^설人^인身^신長^장大^대-即^즉爲^위非^비大^대身^신일새 是^시名^명大^대身^신이니이다

須菩提여 菩薩도 亦如是하야 若作是言하대 我當滅度無量衆生하리라하면 卽不名菩薩이니 何以故오 須菩提여 實無有法-名爲菩薩이니 是故로 佛說一切法이 無我無人無衆生無壽者라하노라

須菩提여 若菩薩이 作是言하대 我當莊嚴佛土라하면 是不名菩薩이니 何以故오 如來-說莊嚴佛土者는 卽非莊嚴일새 是名莊嚴이니라

須菩提여 若菩薩이 通達無我法者는 如來-說名眞是菩薩이니라

一體同觀分 일체동관분 第十八

須菩提여 於意云何오 如來有肉眼不아
如是世尊하 如來有肉眼이니이다
須菩提여 於意云何오 如來有天眼不아
如是世尊하 如來有天眼이니이다
須菩提여 於意云何오 如來有慧眼不아
如是世尊하 如來有慧眼이니이다
須菩提여 於意云何오 如來有法眼不아
如是世尊하 如來有法眼이니이다
須菩提여 於意云何오 如來有佛眼不아
如是世尊하 如來有佛眼이니이다
須菩提여 於意云何오 如恒河中所有沙를 佛說是沙不아

여시세존 여래설시사
如是世尊하 如來說是沙니이다
수보리 어의운하 여일항하중소유
須菩提여 於意云何오 如一恒河中所有
사 유여시사등항하 시제항하소
沙하야 有如是沙等恒河어든 是諸恒河所
유사수불세계 여시영위다부
有沙數佛世界가 如是寧爲多不아
심다 세존
甚多니이다 世尊하
불고수보리 이소국토중소유중
佛告須菩提하사대 爾所國土中所有衆
생 약간종심 여래실지 하이고
生하야 若干種心을 如來悉知하노니 何以故
여래설제심 개위비심 시명위심
오 如來說諸心이 皆爲非心일새 是名爲心
소이자하
이니 所以者何오
수보리 과거심불가득 현재심불
須菩提여 過去心不可得이며 現在心不
가득 미래심불가득
可得이며 未來心不可得이니라

法界通化分 법계통화분 第十九

須菩提여 於意云何오 若有人이 滿三千
大千世界七寶로 以用布施하면 是人이 以
是因緣으로 得福多不아
如是世尊하 此人이 以是因緣으로 得福甚
多니이다
須菩提여 若福德이 有實인댄 如來不說得
福德多어니와 以福德이 無故로 如來說得
福德多니라

離色離相分 이색이상분 第二十

須菩提여 於意云何오 佛을 可以具足色
身으로 見不아
不也니이다 世尊하 如來를 不應以具足色

身으로 見이니 何以故오 如來說具足色身이
即非具足色身일새 是名具足色身이니이다
須菩提여 於意云何오 如來를 可以具足
諸相으로 見不아
不也니이다 世尊하 如來를 不應以具足諸
相으로 見이니 何以故오 如來說諸相具足이
即非具足일새 是名諸相具足이니이다

非說所說分 비설소설분 第二十一

須菩提여 汝勿謂如來作是念하대 我當
有所說法이라하라 莫作是念이니 何以故오
若人이 言如來-有所說法이라하면 即爲謗
佛이라 不能解我所說故니라 須菩提여 說

法者는 無法可說이 是名說法이니라

爾時에 慧命須菩提-白佛言하사대 世尊하
頗有衆生이 於未來世에 聞說是法하고 生
信心不잇가

佛言하사대 須菩提여 彼非衆生이며 非不衆
生이니 何以故오 須菩提여 衆生衆生者는
如來-說非衆生일새 是名衆生이니라

無法可得分 무법가득분 第二十二

須菩提-白佛言하사대 世尊하 佛이 得阿耨
多羅三藐三菩提는 爲無所得耶잇가

佛言하사대 如是如是하다 須菩提여 我於阿
耨多羅三藐三菩提에 乃至無有少法

可得_{일새}是名阿耨多羅三藐三菩提_{니라}

淨心行善分 정심행선분 第二十三

復次須菩提_여是法_이平等_{하야}無有高下_{일새}是名阿耨多羅三藐三菩提_니以無我無人無衆生無壽者_로修一切善法_{하면}即得阿耨多羅三藐三菩提_{하리라}須菩提_여所言善法者_는如來說-即非善法_{일새}是名善法_{이니라}

福智無比分 복지무비분 第二十四

須菩提_여若三千大千世界中_에所有諸須彌山王-如是等七寶聚_를有人_이持用布施_{라도}若人_이以此般若波羅蜜經_으

乃至四句偈等을 受持讀誦하며 爲他人說하면 於前福德으로 百分에 不及一이며 百千萬億分과 乃至算數譬喩로 所不能及이니라

化無所化分 화무소화분 第二十五

須菩提여 於意云何오 汝等은 勿謂如來ㅣ 作是念하대 我當度衆生이라하라 須菩提여 莫作是念이니 何以故오 實無有衆生ㅣ 如來度者니 若有衆生을 如來度者면 如來ㅣ 則有我人衆生壽者니라

須菩提여 如來說有我者는 卽非有我어늘 而凡夫之人이 以爲有我니 須菩提여 凡

夫_부者_자는 如_여來_래-說_설 卽_즉非_비凡_범夫_부일새 是_시名_명凡_범夫_부니라

法身非相分 법신비상분 第二十六

須_수菩_보提_리여 於_어意_의云_운何_하오 可_가以_이三_삼十_십二_이相_상으로 觀_관如_여來_래不_부아

須_수菩_보提_리言_언하사대 如_여是_시如_여是_시니이다 以_이三_삼十_십二_이相_상으로 觀_관如_여來_래니이다

佛_불言_언하사대 須_수菩_보提_리여 若_약以_이三_삼十_십二_이相_상으로 觀_관如_여來_래者_자인댄 轉_전輪_륜聖_성王_왕도 卽_즉是_시如_여來_래로다

須_수菩_보提_리-白_백佛_불言_언하사대 世_세尊_존하 如_여我_아解_해佛_불所_소說_설義_의컨댄 不_불應_응以_이三_삼十_십二_이相_상으로 觀_관如_여來_래니이다

爾時_에世尊_이而說偈言_{하사대}

若以色見我_{커나}

以音聲求我_{하면}

是人_은行邪道_라

不能見如來_{니라}

無斷無滅分 무단무멸분 第二十七

須菩提_여汝若作是念_{하대}如來-不以具足相故_로得阿耨多羅三藐三菩提_아須菩提_여莫作是念-如來-不以具足相故_로得阿耨多羅三藐三菩提_{라하라}須菩提_여汝若作是念_{하대}發阿耨多羅三藐三菩提心者_는說諸法斷滅_가莫作

是念이니 何以故오 發阿耨多羅三藐三
菩提心者는 於法에 不說斷滅相이니라

不受不貪分 불수불탐분 第二十八

須菩提여 若菩薩이 以滿恒河沙等世界
七寶로 持用布施라도 若復有人이 知一切
法無我하야 得成於忍하면 此菩薩이 勝前
菩薩의 所得功德이니 何以故오 須菩提여
以諸菩薩이 不受福德故니라

須菩提─白佛言하사대 世尊하 云何菩薩이
不受福德이닛고

須菩提여 菩薩의 所作福德은 不應貪着일
새 是故로 說─不受福德이니라

137

威儀寂靜分 위의적정분 第二十九

須菩提여 若有人이言하대 如來-若來若去若坐若臥라하면 是人은 不解我-所說義니 何以故오 如來者는 無所從來며 亦無所去일새 故名如來니라

一合理相分 일합이상분 第三十

須菩提여 若善男子善女人이 以三千大千世界로 碎爲微塵하면 於意云何오 是微塵衆이 寧爲多不아 須菩提言하되 甚多니이다 世尊하 何以故오 若是微塵衆이 實有者인댄 佛이 則不說是微塵衆이니 所以者何오 佛說微塵衆이 卽

非微塵衆일새 是名微塵衆이니이다 世尊하
如來-所說三千大千世界가 即非世界
일새 是名世界니 何以故오 若世界-實有
者인댄 則是一合相이어니와 如來說一合相
은 即非一合相일새 是名一合相이니이다
須菩提여 一合相者는 則是不可說이어늘
但凡夫之人이 貪著其事니라

知見不生分 지견불생분 第三十一

須菩提여 若人이 言-佛說我見人見衆
生見壽者見이라하면 須菩提여 於意云何오
是人이 解我所說義不아
不也니이다 世尊하 是人은 不解如來所說

義니 何以故오 世尊이 說我見人見衆生
見壽者見은 即非我見人見衆生見壽
者見일새 是名我見人見衆生見壽者見

이니이다

須菩提여 發阿耨多羅三藐三菩提心
者는 於一切法에 應如是知하며 如是見하며
如是信解하야 不生法相이니 須菩提여 所
言法相者는 如來說即非法相일새 是名
法相이니라

應化非眞分 응화비진분 第三十二

須菩提여 若有人이 以滿無量阿僧祇世
界-七寶로 持用布施라도 若有善男子善

여인이 發菩薩心者ㅣ 持於此經하야 乃至
四句偈等을 受持讀誦하며 爲人演說하는
其福이 勝彼하리니 云何爲人演說고 不取
於相하고 如如不動하라 何以故오

一切有爲法이
如夢幻泡影하며
如露亦如電이라
應作如是觀이니라

佛說是經已하시니 長老須菩提와 及諸比
丘比丘尼와 優婆塞優婆夷와 一切世
間ㅣ 天人阿修羅가 聞佛所說하옵고 皆大
歡喜하야 信受奉行하니라

생활 속의 금강경
우룡큰스님 강설 신국판 304쪽 10,000원

일평생을 수행과 중생교화를 위해 살아오신 우룡큰스님께서 매우 심오하기로 이름난 금강경의 내용을 알기 쉽게 풀이하고 일상생활과 접목시켜 강설함으로써, 삶의 현장에서 금강경의 가르침을 능히 응용할 수 있도록 하였고, 감동을 주는 일화들을 많이 삽입하여 재미를 더하고 있습니다.

금강경 한글사경 (1책으로 3번 사경)
우룡큰스님 역 4×6배판 144쪽 6,000원

금강경 한문한글사경 (1책으로 1번 사경)
우룡큰스님 역 4×6배판 100쪽 4,000원

가장 요긴하고 으뜸된 경전인 금강경을 자꾸자꾸 사경해 보십시오. 업장소멸과 함께 크나큰 깨달음과 좋은 일들이 저절로 다가오게 됩니다.

한글 금강경
우룡큰스님 역 4×6배판 112쪽 5,000원

책 크기만큼 글씨도 크게 하고 한자 원문도 수록하였으며, 독송에 관한 법문도 첨부하였습니다. 사찰 및 가정에서의 독송용으로 매우 좋습니다.

우리말 금강경
우룡큰스님 역 국반판 100쪽 2,500원

'불자들이 꼭 읽어야 할 금강경을 우리말로 보급하겠다'는 원력에 의해 제작된 책. 기도법독송법 등도 자세히 설하였습니다.

금강경 한문 사경

초 판 1쇄 펴낸날 2010년 10월 1일
     14쇄 펴낸날 2025년 2월 19일

옮긴이 우룡큰스님
펴낸이 김연수
고 문 김현준

펴낸곳 새벽숲
등록일 2009년 12월 28일 (제321-2009-000242호)
주 소 서울특별시 서초구 반포대로14길 30, 906호 (서초동, 센츄리I)
전 화 02-582-6612, 587-6612
팩 스 02-586-9078
이메일 hyorim@nate.com

값 6,000원

ⓒ새벽숲 2010
ISBN 978-89-965088-2-3 03220

새벽숲은 효림출판사의 자매회사입니다(새벽숲은 曉林의 한글풀이).
※ 잘못 만들어진 책은 바꿔 드립니다.
이 책은 저작권법에 따라 보호를 받는 저작물이므로 무단전재와 무단복제를 금지합니다.